玩出名堂 2

幸福教育理念下幼儿园
25个优秀游戏案例

主编 冯长宏 王捷

江苏凤凰科学技术出版社 · 南京

图书在版编目（CIP）数据

玩出名堂 . 2, 幸福教育理念下幼儿园 25 个优秀游戏案例 / 冯长宏 , 王捷主编 . —南京：江苏凤凰科学技术出版社，2022.12

ISBN 978-7-5713-3165-8

Ⅰ. ①玩…　Ⅱ. ①冯…　②王…　Ⅲ. ①游戏课—教案（教育）—学前教育　Ⅳ. ① G613.7

中国版本图书馆 CIP 数据核字（2022）第 154121 号

玩出名堂 2　幸福教育理念下幼儿园 25 个优秀游戏案例

主　　编	冯长宏　王　捷
责任编辑	吴梦琪　刘文芳
责任校对	仲　敏
责任监制	周雅婷
出版发行	江苏凤凰科学技术出版社
出版社地址	南京市湖南路 1 号 A 楼　邮编：210009
编读信箱	skqsfs@163.com
联系电话	（025）83657623
印　　刷	溧阳市金宇包装印刷有限公司
开　　本	787mm × 1092mm　1/16
印　　张	17.25
字　　数	220 000
版　　次	2022 年 12 月第 1 版
印　　次	2022 年 12 月第 1 次印刷
标准书号	ISBN 978-7-5713-3165-8
定　　价	58.00 元

编委名单

主　　　　编：冯长宏　王　捷

参与编写人员（按姓氏笔画排列）：

许　卉　严高莲　陆欣瑶　季　成

周阳扬　殷　萍　蒋海琴

写在前面的话

课程游戏化项目是质量工程，其宗旨是促进幼儿素质发展，促进课程品质提升，提高教师课程实施水平。近年来，随着项目深入开展，一些问题也逐步凸显出来，比如：如何确立儿童立场，让课程游戏化理念深入人心？如何提升教师能力，让他们得心应手地驾驭游戏活动？游戏活动需要更精细地组织吗？需要给游戏设置明确的目标吗？如何为幼儿创设适宜的游戏环境，准备适当的游戏材料？如何组织幼儿进行不同类型的游戏活动？在游戏中如何引导幼儿走向深度学习？等等。

为了真正落实、推进“以游戏为幼儿园的基本活动”，帮助教师们夯实理论基础，提升专业素养，针对教育实践中遇到的困惑和问题，江苏省扬州市邗江区教师发展中心围绕全国教育科学规划课题“新教改背景下区域推进幸福教育的实践研究”、江苏省基础教育前瞻性教学改革实验重大项目“幸福教育育人模式的区域实践探索”“幸福教育理念下区域推进幼儿园课程游戏化的创新探索”等，着力从增强教师认同感、消除教师畏惧感、提升教师成就感、达成教师幸福感等方面，通过理论学习、实践探索、项目建设，力求突破瓶颈，以点带面，全面提升课程改革的运行质态，逐步形成“玩出名堂”系列成果。

首先，这是一本“学”出来的书。我们围绕《3—6岁儿童学习与发展指南》（以下简称《指南》）、《幼儿园教育指导纲要（试行）》，进行深入研读与探讨；开展教师“共读一本书”活动，通过区级领读、园级共读、个人研读相结合，让老师们观念上转变，思想上认同。教师们通过不断研读、培训，教育理念有了明显的转变与进步，理论基础得到夯实与巩固。他们努力将理论学习内化于心，外化于行，将其运用到教育实践中，真正做到立足幼儿，用心观察，努力思考，提供充足的操作材料，开展丰富的区域游戏，生成适宜的活动课程。教师职业幸福感的提升，为幼儿“玩出名堂”提供了富含营养的土壤。

其次，这是一本“做”出来的书。基于教师们发展水平的差异，我们以菜单式、浸入式、追踪式、帮扶式“四式”教研为载体，开展研训活动：带领一线教师用发现问题的眼睛浸入幼儿的游戏现场，发现问题、研究问题、解决问题；帮助教师在观察幼儿的基础上，更好地理解和内化《指南》，让《指南》精神渗透到教师的思想和行为之中，消除教师们的畏惧感。正是在这样的实施过程中，我们可喜地发现全区幼儿教师理念有了转变，幼儿园内外环境有了实质性的改观，课程资源整合取得明显成效，全区幼儿教育质态有了很大提升。在此基础上，一大批优秀课程案例涌现，本书正是其中的精品的汇集。

再次，这是一本“研”出来的书。近年来，我们深入开展全国教育科学规划课题及江苏省基础教育前瞻性教学改革重大项目，力求将幸福教育理念落实在幼儿园各个细节之中。我们汇聚区域幼儿教师骨干力量编撰这本书的目的，就是总结与展示区域幼儿园课程改革以来的实践成果，发掘与整理生发于幼儿园场域内的幼儿游戏开展、教师指导策略等内容，全方位地反映全区幼儿教育工作者思想转变、理念提升、实践操作的硕果。

《玩出名堂 2 幸福教育理念下幼儿园 25 个优秀游戏案例》作为幼儿园课程改革系列成果，在第一辑的基础上，遴选出 25 个具有代表性的优秀游戏案例，包含“多彩的扮演”“有趣的发现”“别样的精彩”“沙水的乐趣”“建构的创想”5 个部分。各部分的编写坚持知行合一的原则，努力体现理论性、实践性、情境性、可操作性等特点，以游戏案例的形式，生动形象地讲述了幼儿游戏的发生、开展、推进，以及幼儿获得的学习经验与教师对游戏过程的反思，多彩、有趣、和谐、共生的幼儿园教育实景跃然纸上。

“博学之，审问之，慎思之，明辨之，笃行之。”我们期待，“玩出名堂”系列成果能为幼儿园课程改革做出有益的探索。我们相信，在课程游戏化理念的引领下，我国的学前教育必将走向幸福美好的春天！

全国教育科学规划课题“新教改背景下区域推进幸福教育的实践研究”、江苏省基础教育前瞻性教学改革实验“幸福教育育人模式的区域实践探索”“幸福教育理念下区域推进幼儿园课程游戏化的创新探索”项目组

2022年2月

目 录

第一章 多彩的扮演

第二章 有趣的发现

第三章

别样的精彩

第四章

沙水的乐趣

第五章

建构的创想

第一章

多彩的扮演

“美人鱼”的故事

孙传红

年龄段：小班

一、背景与来源

春夏季节交替，天气多变。在遇到恶劣天气时，我班会因地制宜，充分利用现有场地和材料，根据小班幼儿的年龄特点，以走、跑、跳、投、钻、爬为基础开展丰富多样的室内体育活动。

小班的孩子对小动物喜闻乐见，喜欢扮演一些动物角色，他们在有趣的游戏情境中参与性更高，呈现一种“自然游戏状态”，即自发、自在和自足。因最近乐于模仿袋鼠妈妈，孩子们在晨间活动时对袋鼠跳较感兴趣，会自主选择喜欢的布质跳袋，无论是长的、短的，还是大的、小的，都会情不自禁地跳起来。森林里的一只只“小袋鼠”出发了，三个一群，五个一队，自由自在地蹦蹦跳跳，互相追逐。他们在游戏中了解蹦、跳的基本动作要领，能够在一定范围内双脚向上、向前跳。

二、观察与思考

观察一："美人鱼"的出现

最近，幼儿在晨间活动时对袋鼠跳较感兴趣。雅馨在材料筐里挑来挑去，最后拿起了一只带有小铃铛的袋子，对旁边的语汐说："我们一起玩吧！"于是，两个好朋友分别弯下腰，将双脚踩进袋里，双手慢慢提起袋子，调整好布袋，一前一后，一边跳一边追赶。不一会儿，雅馨跳累了，停了下来，直接坐在地上休息，看语汐已经跳远，向她招手喊道："过来，过来。"语汐蹦跳过来，或许是太累了，一下子趴在雅馨的旁边。雅馨也学着她的样子，趴在地上，双脚翘起，兴奋地说："我是美人鱼，我是美人鱼。"说完，将套在袋子里的小脚翘着左右摇摆，做出游泳的动作。片刻，又有几条"美人鱼"出现。（图1）

图1 变成"美人鱼"了

雅馨、语汐等几个小伙伴变成"美人鱼"的模样一下子吸引了周围的同伴，他们有的围观欣赏，有的蹲下来与她们互动，尝试触摸"美人鱼"的双脚，还有的也趴在地上模仿她们游动、摆尾的动作。大家游戏的兴趣被点燃了，"美人鱼"们不时地重复着游泳的动作。

教师的思考

布袋是袋鼠跳游戏最直接的材料，由于运动强度大，小班幼儿在蹦跳几下过后，便需要自行休息。显然，雅馨已经知道累了要及时休息，出汗了也需要休息，但她并未来到指定处，而是选择就地休息。或许是看过美人鱼动画片，休息时语汐趴在地上，布袋裹住双脚及腿部的形象让雅馨一下子联想到大海里的美人鱼，非常符合小班幼儿形象思维的特点。于是，扮演美人鱼的想法出现了，孩子自发地将这个虚幻的角色带到了现实生活中，也吸引了同伴们纷纷模仿和参与。

观察二：“海盗”来了

大宝看见几条“美人鱼”在游玩，小手竖起来向“美人鱼”划去，嘴里说道：“抓鱼啦！”（图 2）“美人鱼”见他追来便赶紧四散欲逃。

我问大宝：“你是谁？”

“我是猎人。”

“不对不对，他是抓鱼的。”一条“美人鱼”说。

“是在海里抓鱼吗？”我继续追问。

“他是海盗！”陶宇泽指着大宝说。

图2 大宝是“海盗”

教师的思考

“美人鱼”的出现吸引了幼儿的眼球，他们参与的兴趣也较浓厚。大宝思维活跃、动作敏捷，他自发地与“美人鱼”互动，产生抓鱼的念头，出现了你追我逃的画面。游戏过程中，老师一句简单的询问“你是谁”，调动起孩子们关于美人鱼的经验，促进他们深入想象。于是，游戏中又出现了一个与美人鱼对立的角色：海盗。由于多出了一个新角色，游戏情节也许会变得有趣、复杂起来。一场体育游戏正在向角色游戏悄然转换，我很期待他们的故事。

观察三：“美人鱼”的家

“美人鱼”岑岑在前面走着，昊楠紧跟着她，一下子上前抱住她，说：“我抓到鱼啦！我抓到鱼啦！”岑岑很无助地看着他，推开他后便跑远了。

有“海盗”来了，雅馨紧紧地趴在地板上。大宝此时还一无所获，四处寻找趴在地板上的“美人鱼”，一边找一边念叨：“我要抓鱼。”看见雅馨后，大宝拉起她的手，喊道：“我抓到一条鱼！”

图3 大宝抓住雅馨

雅馨说：“你抓不到我，我躲起来了，这里是我家。”

“我已经抓到你了，我已经抓到你了。”大宝重复地说。（图3）

两个人争执不下，然后又互不理睬，各自玩耍去了。见此，我也扮作一条美人鱼，快速游到雅馨身边，故意向她求助：“这里太不安全啦！有什么好办法呢？”

“躲到我家来吧！”

“哪里是你家呢？”

“这里就是我家。”

“为什么这里就是你家？”

“反正这里就是我家。”

“那我看看你家是什么样子的？”于是我边说边四处查看身边的环境。我看到地板上还贴有磨损的即时贴线条（曾经在这里进行集体活动留下的），便指着线条问她：“是不是这些线条里面就是我们的家？”雅馨开心地点点头，回头看见“美人鱼”何成语就在不远处，于是，她又喊何成语过来：“躲到家里来，他们就抓不到我们了！”

教师的思考

游戏里发生了“美人鱼”和“海盗”的大战。虽然幼儿在游戏刚开始时敢于自主选择角色，游戏初建立了一定的角色意识，但游戏玩着玩着就无法继续，如岑岑的无奈离去，大宝和雅馨两人的争执不下、互不理睬、各自离去，这些问题的出现关键是游戏还没有确立一致认同的规则。游戏中的幼儿有自己认定的结果和游戏体验，由于对出现的结果不认同，游戏出现中断现象，无法继续深入，这时就需要老师及时介入了。

我以游戏中的角色介入，参与游戏，并追问雅馨“为什么这里就是你家”，进一步了解孩子的想法。孩子说“反正这里就是我家”，却说不出所以然。在和孩子们游戏时我发现地板上有即时贴线条，便启发幼儿注意周围的环境里是否有“家”的标识，由此萌发幼儿对游戏规则的关注。

在游戏的分享环节，我了解到孩子们有美人鱼、海洋的相关认知经验，于是在此基础上，引导幼儿发现规则的重要性，让幼儿尝试商讨规则。对于小班的孩子来说，地板上的线条还不足够明显和形象，在讨论中孩子们纷纷献计献策，比如用实物围成圈，或者用蓝色的物品（如蓝色的垫子）表现大海（图4），这样会更直观形象。在之后的游戏中，环境的内隐性帮助了小班幼儿更好地遵守游戏规则，有效推进了幼儿游戏的发展。

图4 蓝色的“大海”

观察四：受惊的“美人鱼”

“美人鱼”语汐趴在地上不停地向前划动，一会儿，她突然站起来自由地来回走动。“海盗”炅楠看到她走了出来，上前拉住她的衣服说：“我抓到你了。”并开心地喊叫：“抓到啦！抓到啦！”其他几名男生闻讯赶来，都一起围着语汐，拉她的衣服。当发现自己“落网”时，语汐有点惊吓，不断地试图逃脱，无奈走不了，情绪逐渐愤怒、恐慌。看她已经要

图5 语汐被“海盗”们围攻

哭出来，我赶紧走过去，问他们发生什么事情了，男生们告诉我：“她想逃走。”语汐哭着说：“他们不放我走。”（图5）

我问“海盗”们：“抓到了美人鱼要怎么办呢？她还能不能回家了？”

“不能回家。”亦泽说。

“要把鱼关起来。”念周说。

“那她就不能玩游戏了。”晖晖说。

语汐一听，哇地大哭起来。

图6 “美人鱼”表演节目

我说：“这条‘美人鱼’很害怕，她也想回家，有没有办法呢？可以商量一下吗？”

“抓到了要表演节目，就跟点豆豆游戏一样。”宇泽理直气壮地说。最后，“海盗”们一致同意，“美人鱼”表演节目之后就能回家。（图6）

后来，每次“美人鱼”想逃脱，他们也会这样提出要求，逐渐将游戏中对立的情绪情感转化为欣赏、愉悦。

教师的思考

语汐或许是长时间趴着不太舒服，或许是玩得忘记自己是一条“美人鱼”了，才会不由自主地出来走动，说明小班幼儿在角色游戏中表现并不稳定，坚持性不长，角色也容易转换。由此更可见小班幼儿角色意识较薄弱，更多的是模仿角色原型的典型动作。游戏中动作交往也多于语言交往，缺乏交往的能力和对游戏规则的关注；双方出现争执吵架，甚至可能有肢体冲突。当发现幼儿喜欢游戏又不会玩，游戏出现停滞时，则需要老师及时用言语、行动介入。我引导角色双方围绕"'美人鱼'被捕后怎么办"进行对话和商量，迁移已玩过的、较熟悉的游戏经验，进一步完善游戏规则，教给幼儿一些交往的方法，同时将游戏情节的内容拓宽，丰富游戏主题。

观察五：一只鱼篓一条船

图7 念周和抓鱼的篓子

今天我们在走廊里玩游戏。"美人鱼"们都安全地在大海里，或玩耍，或聊天，或游泳，或休息。"海盗"念周在海边转来转去，双手仍然够不着美人鱼，只见他走到材料筐，从里面拿出一个跳袋，说："这是抓鱼的篓子。"说完一路跑到海边，用小手张开袋子，做舀水状。（图7）

看见我在拍照，念周突然跑到我面前，对我说："老师，海盗是要开船的。"我让他在附近找一找他的船在哪里，并提醒他："这里的材料都可以拿，都可以用哦！"一会儿，他拖来了一个已拆开的纸箱，那是生活区"袜子对对碰"夹袜子的材料。在回来的路上他用目光找到我，有些不确定，我用鼓励性的微笑回应了他。只见他将纸箱平放在地上，微翘的一头做船头，双脚踩进箱里，双手做开船状，说："我开船去找美人鱼。""海盗"俊峰看见了，也上船和他一起玩。

图8 塑料积木变成方向盘

念周在前面兴致勃勃地开船，俊峰有些无聊地向四周观看，他看见旁边有较大的塑料积木，便拿了一块在手中玩。念周回头见状，也在船上和他一起玩起了塑料积木。不一会儿，念周将手中的玩具当作方向盘转来转去，嘴里发出“呜呜呜”的声音。当船驶近“美人鱼”时，念周提出要休息了，让俊峰到船头来，并将方向盘交给他。俊峰接过方向盘，与对面的“美人鱼”热情地打招呼。（图 8）

教师的思考

“以物代物”受具体形象思维的影响。跳袋与篓子外形相似，念周对篓子的外形和功能有一定的生活经验，想到用袋子替代，作为游戏的材料，这是象征表达的第一次。而海盗船的再现是念周想模仿动画片中的内容，在寻找船的过程中将船的形象与长形的纸箱进行了匹配，这是象征表达的第二次。将塑料积木变成方向盘、坐垫，说明幼儿在游戏中正在大胆地不断尝试以物代物，体现出个别幼儿较强的观察能力、思维能力和解决问题的能力，游戏水平在游戏的实践中得到提升和发展。同时老师积极肯定的回应给予了他们自信大胆的表现，推动了幼儿对游戏的大胆建构。

游戏玩到这里，让我想到的是小班的幼儿因生活经验受限，游戏中往往会更满足于对材料的操作，容易忽视与同伴的互动和合作，正因为这样，在角色游戏开展中，作为游戏的支持者，教师需要提供便于孩子取放、与游戏主题相关的开放性材料，让幼儿从材料中得到对所扮演角色行为的启发，增强角色意识，丰富角色情节，促进游戏的开展。

观察六：男生不是“美人鱼”

今天承浩开心地来到大海，雨洁大声地对他说：“你是不能来这里的。”说着便推承浩走。“我是美人鱼啊，鱼就是在水里的。”“不行不行，你是男生，不是美人鱼，美人鱼是女生。”承浩被一群“美人鱼”拒绝后，悻悻地离开了。

看他离开了游戏，我向他走去。

"怎么不开心了？"

"我不想当海盗！"

"为什么？"

"海盗太凶了。"

图9 "王子"的出现

正在当"海盗"的念周听到了我们的对话，说："我想当王子。""为什么？""美人鱼如果被抓了，王子会来救她的，我在我家小电脑上看过的。"于是，在接下来的游戏中，勇敢的"王子"会挺身而出。（图9）

教师的思考

小班幼儿能够意识到自己的性别，知道自己是男生、女生，进而能够把自己与同性别的人联系起来，根据不同性别的外貌特征进行角色归属。所以游戏中大部分幼儿对角色的扮演是有"选择性"的，男孩扮演海盗，女孩扮演美人鱼，具有明显的角色性别特征倾向。承浩对角色的选择，是基于他对角色的情感决定的，他对美人鱼羡慕、向往，对海盗行为则感到不满。而念周随着对游戏的熟悉，首次出现更换角色，尝试扮演另一个新角色的想法。

帮助孩子扮演好角色，并成为孩子游戏的支持者、引导者，除了适时适度介入，还应根据幼儿的意愿进行选择和挑战，支持孩子大胆尝试不同的角色，满足幼儿情感的需求和表达、表现的欲望。这样一来，角色不但有了新生，游戏水平不一的幼儿之间还能以强带弱，从而生发新的游戏主题。

三、总结与反思

（一）自发的游戏是幼儿的真兴趣

最初只是一种运动材料产生的一个具有直观形象的扮相，通过幼儿的无意想象，美人鱼角色偶然诞生。孩子们对这一角色有较大的兴趣，一开始只是模仿角色的典型动作，在水中游泳、玩耍。满足于动作表现，这是小班幼儿年龄特点所限。当游戏中出现一个对立的角色时，游戏的情节便产生了，引发了生生互动。此时，自发的游戏真正开始，孩子们的兴趣一下子被激起，参与游戏的幼儿也越来越多。

游戏的主人是幼儿，要玩什么游戏是幼儿自己的权利。游戏中，幼儿有自己选择和支配游戏乃至选择游戏场地（室内、走廊等）的权利，我们要尊重幼儿的需要和兴趣。在美人鱼之后的游戏中，正是顺应和满足孩子们的这种自发自主，才使得游戏一步步地生长。

（二）基于观察的参与是对幼儿游戏的真支持

追随游戏的过程中，根据幼儿游戏现状，教师在观察、分析的基础上适时参与游戏：当幼儿的游戏快中断，需要规则的引领时，引导幼儿对地板上的已有线条产生联想，让想象与已有的经验建立连接；当“美人鱼”与“海盗”产生矛盾时，引导幼儿发现矛盾的原因，并尝试在及时的商讨分享中解决，推进游戏内容发展，逐步提升幼儿游戏的水平。

从小班的年龄特点出发，组织分享交流对他们的影响较大，分享游戏中的快乐（扮演美人鱼和海盗的感受，遇到了哪些快乐的事情）、游戏中自己的“创造”（念周的鱼篓、船，“美人鱼”的家），探讨游戏中碰到的“问题”（“美人鱼”被抓怎么办等）。及时有效的分享可以带来经验的梳理、调整和增长，但由于小班幼儿合作游戏水平较低，游戏以个体经验为主，在分享中也往往受限于语言表达能力和以自我为中心，那么基于对游戏的观察，教师平行参与到幼儿的分享表达中，就能帮助幼儿之间的沟通和对游戏的理解。

（三）重视生活经验积累，是推进游戏进一步发展的真基础

经验是游戏的基础，但是幼儿的经验不一定就能生成游戏，经验和游戏之间需要连接或迁移。我们应该从多方面积极引导幼儿观察和积累各种生活经验，如日常生活中的渗透、班本课程的开展、家园的配合等，从而提升幼儿在游戏中的创造性表现。

要支持幼儿的自主游戏，那么产生游戏的一些因素和条件也需要被捕捉到。班级某一个孩子或几个孩子感兴趣的点，很可能因为他们热切专注的游戏态度、快乐的游戏体验而吸引其他孩子的加入，在老师和周围环境的交互作用下，孩子们就有可能把一个兴趣点不断拓展，并延伸到多方面的学习和发展中。

“新娘”出嫁记

杭春燕

年龄段：中班

一、背景与来源

瓜洲是一座历史悠久的古镇，每逢节日会有踩街、唱戏等丰富多彩的民间习俗，孩子们也乐意和爷爷奶奶参与这样的活动。幼儿园追随他们的兴趣点，在孩子生活经验的基础上，投放了许多民间游戏资源。户外游戏室里摆放着舞龙、花轿等许多民俗道具，供幼儿自主选择。孩子特别喜欢在户外空阔的场地上玩抬花轿游戏，个个脸上洋溢着浓浓的喜庆和欢乐。中班孩子的角色表演能力已经提升到一个新的阶段，他们的角色意识有了提升，常常在游戏中加入一些有趣的情节，玩得不亦乐乎。

二、观察与思考

观察一：抬花轿啦

芝芝和佳瑛抬来了花轿（图 1），对着人群大声喊道：“我们需要有人抬花轿，谁愿意来啊？”琪琪对她俩招手说：“我来我来！”说完她拉着可可、辰辰走了过来。浩浩听到了也赶紧跑过来，说：“我来抬吧，我力气大。”佳瑛抓住花轿的把手，突然又松开了，说：“你们抬，我来做新娘吧！”芝芝说：“我也想做新娘。”佳瑛托住了花轿的前面：“今天就你做新娘吧。”可可举起手示意：“那我们出发吧！”（图2）

图1 抬来了花轿

图2 分工抬花轿

花轿抬到草坪中央时，浩浩停下脚步：“哎呀！花轿旁边的布坏了，总是绊我的脚。”“轿夫们”落下了花轿，可可和浩浩把花轿抬到大厅，蹲下来仔细拉拉那块掉下的布：“我们得去找工具，需要图钉和锤子。”可可、浩浩到班上跟张老师借了一把锤子，并找来了几根钉子。（图3）

“钉钉子要注意安全哟！”我叮嘱道。辰辰抬高花轿的另一边，浩浩抹平布，一只手紧紧地抓住框边，芝芝按上彩钉，放平锤子，使劲地敲打。一根，两根……轿子的左右两边各钉了四根钉子。（图4）

图3 可可寻找到工具

图4 合作修花轿

教师的思考

芝芝和佳瑛想玩“抬花轿”的游戏，她们主动“招兵买马”，邀请同伴来参与游戏，很顺利地喊来了琪琪、辰辰、可可等几个小朋友。游戏在“谁做新娘”这一环节起了冲突，佳瑛和芝芝都想做新娘，佳瑛懂得谦让，能自我调整，主动化解角色分配的矛盾。游戏初期，孩子在不断地探索，游戏情节也在不断地深入。其间有很多小矛盾、小冲突，我没有急于干预，而是在一旁观察倾听，看他们是怎么解决的，让“问题”自然而然地发生，让游戏在“问题”中推进与发展。

没想到“抬花轿”时多了个小插曲——轿子坏了，大家游戏的焦点集中到修轿子上，我需要做的就是对真实发生的事情进行观察。《3—6岁儿童学习与发展指南》中说过：“应多为幼儿提供自由交往和游戏的机会，鼓励他们自主选择、自由结伴开展活动。”孩子们分工合作，可可领着几个小朋友去求助张老师，寻找工具，其他的几个小朋友围着花轿讨论“怎么修”，一个全新的经验世界打开了。抹平并抓住花轿的布，按上彩钉，用锤子敲，在这个过程中孩子们没有争论，顺理成章地形成了一个理想的合作小组，一气呵成，轿子修好了。

观察二：装扮新娘

芝芝修完花轿着急地说：“我还没化妆呢，新娘子都要打扮一下才行。”琪琪说：“我看过妈妈化妆，我们帮你化妆吧！”琪琪拉着芝芝飞奔到了班里廊道上的表演区，说道：“我们先选一件漂亮的衣服，你喜欢哪件呀？”芝芝先挑了一件粉色的纱裙在身上比对了一下，觉得有点小了，嘟着嘴，摇摇头，然后又选了一条绿色的裙子。小西拿了一件蓝色的汉服递给芝芝，芝芝看了看：“蓝色的和绿色的搭在一起好像不好看。”（图5）我说：“你们可以做一条漂亮的裙子呀！”“可以啊！”芝芝挑了件淡绿色汉服连衣裙，小西说：“我们一起把它装饰一下。”

图5 挑选衣服

图6 挑选化妆品

芝芝说：“你们装饰裙子，我先选化妆品吧。”（图6）芝芝拿了一根棉签，蘸了蘸红色的眼影，照着镜子开始画。佳瑛歪过头哈哈大笑：“哎呀，哎呀，画歪了，都化成大花脸了。”佳瑛赶紧伸手接过芝芝手中的棉签说：“我帮你画吧，你这样会画不好。”芝芝转过身子乖巧地闭上眼睛，让佳瑛帮她化妆。（图7）画好眼影和口红后，佳瑛让芝芝“抿一下嘴”。芝芝自己抹了腮红，又涂了红色的指甲油，化好妆后，美美地在镜子前面照了照。“新娘子很漂亮哟，还可以变得更好看吗？”我竖起大拇指赞扬道。琪琪和小西在一旁串了一条彩色项链和一条白色手链，等芝芝化好妆后帮芝芝戴上（图8）。

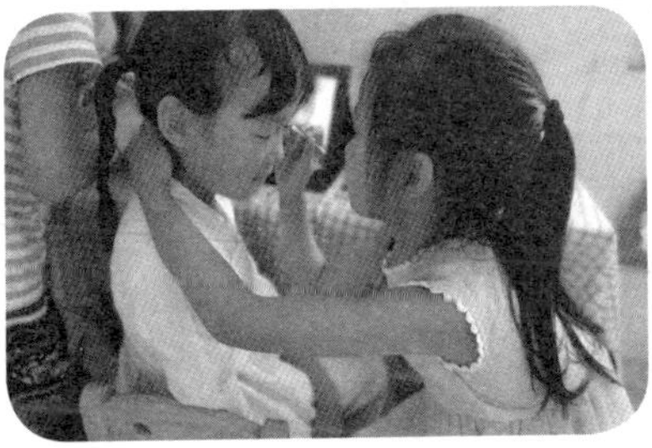
图7 画眼影、口红

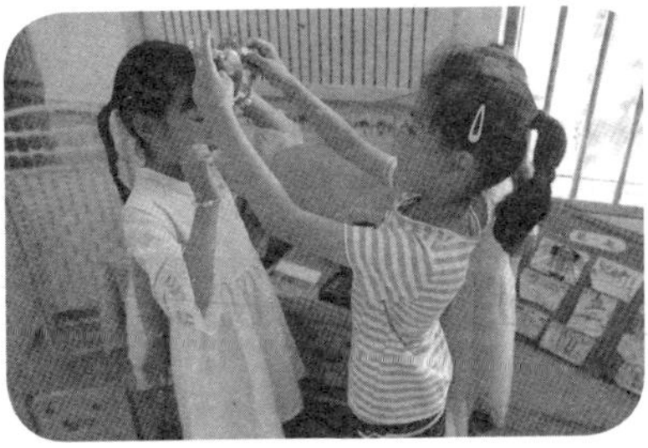
图8 戴项链、手链

琪琪又说："新娘子都用一块布盖在头上的。"乐乐犯愁了："是什么样的布呢？"芝芝两手举过头顶比画着说："我看到电视上结婚，盖在头上的都是红色的！""盖在新娘头上的这块布叫盖头，你们可以到班上去找找，看有没有合适的。"我给她们提出建议。琪琪说："我们到表演区看看吧，那里有许多围巾。"在表演区她们找到了一条方巾。"快看看，有一圈一圈的花纹，是不是很好看？"她们开心地打开方巾展示给我看。（图9）琪琪把它盖在了芝芝的头上试了试，前后左右看了一圈，觉得挺不错的。

图9 找到盖头

教师的思考

开始孩子们进行的只是"抬花轿"游戏，还没有进入丰富的角色游戏中来。他们追随自己的想法，在游戏角色不断更新中，"新娘"对自己有了更多的认识，她觉得"新娘要打扮一下"，也说明孩子对"新娘"还是有一定的认知经验的。这个话题并没有冷场，很快得到了同伴的响应，特别是几个女孩子对"化妆"还是非常感兴趣的，马上能想到去表演区完成这件事情。

在"装扮新娘"当中，几个女孩子的合作能力还是很好的。芝芝虽然主张自己化妆，但是在发现自己很难化好后，愿意接受佳瑛的帮助。琪琪能够主动承担任务，还能够交代新的任务，包括到表演区挑衣服、找盖头。角色游戏最常见的特征就是扮演角色，创造性地反映现实生活。他们的"装扮新娘"所体现的角色、情节、材料使用等，均与社会生活经验有关。幼儿的交流、交往能力随游戏的推进不断提高，敢说、想说的宽松语言环境也让游戏向更有趣的方向发展，让人十分期待。

观察三：壮大“出嫁”队伍

1. 装扮新郎

芝芝说：“我想要浩浩做我的新郎，浩浩个子高。”“可以呀！”浩浩开心得手舞足蹈。可可说：“新郎胸前要戴一朵大红花，还要骑马。”浩浩有点着急：“我没有大红花，也没有马……”孩子们无计可施了，我说：“那新郎是没办法接新娘了吗？”可可说：“我有办法，我们做操的花是红色的，那里还有许多木马。”他们掀开器械棚子，浩浩说：“选黑马吧！”（图 10）可可和芝芝说：“选白马吧，黑马看起来有点脏。”（图 11）新郎戴好花，骑着马，新娘上了花轿，出嫁队伍又一次出发了。（图 12）

图10 找到一匹黑马

图11 选中白马

图12 整装出发

2. 商讨角色

可可说：“我们应该热闹一点，新娘出嫁的时候有很长很长的队伍。”他们又请张老师帮他们搜索“新娘出嫁”的视频和图片（图 13）。孩子们不知道新娘出嫁的时候，新郎要干什么，还需要什么人。琪琪说：“还要演奏乐器的人和最前面举牌子的人。”可可说：“我想选一个跟电脑上一样的音乐，张老师，可以请你帮我们下载吗？”得到张老师的应允后，芝芝又提议说：“我们把它记下

图13 观看视频

来，谁干什么，这样大家就不会忘记。”孩子们开始了他们的“新娘出嫁计划”。（图14）

图14 新娘出嫁计划

3. 选择道具

辰辰说：“我去找前面那个举的牌子，舞龙的那个龙珠应该可以。”（图15）可可点头表示同意：“那我们选乐器，我觉得可以选竹子，竹子的声音挺响的。”（图16）琪琪迫不及待地说：“非洲鼓也可以。”乐乐用小棍子刮着搓衣板：“小搓衣板的声音真好听！”小西也加入了：“我们俩合奏，叮叮当，叮叮当……”

图15 仪仗队找到“龙珠”

图16 帮助“鼓乐队”选乐器

教师的思考

可可提到了新郎的装扮，很让我惊讶和新奇。可是新郎的大红花从哪里来？新郎的马去哪里找？他们遇到了难题。我也一直在思考：孩子们没有办法解决这两个问题，游戏会不会卡在那？我小小地“刺激”了他们一下：“那新郎是没办法接新娘了吗？”他们没有因为一点点困难就停下游戏，虽然他们静静地站在那，但我看到其实他们都在思考。游戏中间相互联系的线索交织在一起，回应性和生成性的行为之间碰撞出了微妙的变化。没想到可可真的想到了办法，用做晨间操的花和晨间活动的木马作为替代，这是这个年龄段思维灵活性和发散性的体现。

观察四：新娘“出嫁”啦

“出嫁要从一个地方到另一个地方。”“我们从哪个地方到哪个地方呢？”辰辰说：“从小班到草坪上，最后到大班那栋楼。”可可说：“我们要先排好队。”浩浩说：“新郎是走在最前面的，举彩球的走在我旁边。”可可说：“新娘走在最中间，后面跟着吹打乐器的。”新郎浩浩骑着“马”，使劲地抽着缰绳，开心地走在前面。辰辰和乐乐举着“彩球”，一路注视着新娘。可可、琪琪、小西抬花轿。佳瑛、乐乐还想邀请小班的小朋友，有人问：“为什么邀请他们呢？”佳瑛说：“因为这样更热闹一点！”乐乐则是这么想的：“小班的弟弟妹妹可能没有看过新娘子出嫁。”“可以的，但要征得他们老师的同意，还要告诉他们走在队伍的哪里。”大家达成了一致。

图17 出发啦

小班小朋友加入后，“出嫁仪仗队”浩浩荡荡地从“新娘家”向“新郎家”出发。（图 17）我提议帮他们放音乐。辰辰一路走一路摇头晃脑，敲打“搓衣板”的梦梦也有节奏地摇着头，完全沉浸在嫁新娘的喜庆当中。他们走过草坪，走到大班的大厅，落下花轿。（图 18）

图18 准备落轿

教师的思考

游戏中有许多组织和计划在潜移默化中应运而生。新娘坐着花轿，盖着盖头；新郎骑着马，喜气洋洋；仪仗队高举彩球，敲打着乐器。新娘终于“出嫁”啦！孩子们有说不出的喜悦与开心，全程是愉快、积极的，这是发自内心的快乐体验。幼儿在游戏中尝试到各种新鲜的玩法，一个个灵感得到分享，孩子推进游戏的能力在逐步提高，创新能力、表达能力、社会交往能力也在提升。游戏中的角色冲突、问题解决、同伴合作、平等对话，激发了幼儿更多的模仿和扮演的行为，展开了多形式的互动，让游戏内容更丰满，幼儿的体验更深刻。

三、总结与反思

（一）巧用民间游戏资源，促进幼儿主动学习

游戏“新娘出嫁”来源于民间游戏和幼儿的生活体验，教师在组织游戏活动之前，从实际生活经验出发，对游戏资源进行合理投放，充分了解幼儿的兴趣所在，并充分发挥游戏资源的重要作用，让孩子真正成为游戏的孩子，幼儿园的游戏真正成为孩子们的游戏。

幼儿用“花轿”作为载体，有亲切感和熟悉感，“新娘出嫁”的角色游戏让幼儿充分感受到民间游戏的喜悦。“装扮新娘”“修花轿”“壮大出嫁队伍”不仅可以让幼儿体验创新玩法的民间游戏，也使幼儿不会感到民间游戏的单调和乏味。利用地方资源开展民间游戏：一方面使民间游戏不断适应时代发展的步伐，既可以满足幼儿在当前环境中的需求，又能推动民间游戏新的发展和传承；另一方面可以让幼儿在游戏中了解自己的家乡，了解家乡的文化，培养幼儿的创新意识和动手能力。

（二）学会合作解决问题，支持幼儿自主探索

游戏是幼儿最喜欢的活动，孩子们在一起玩游戏时，合作的机会很多。在这个游戏中，他们扮演自己的角色会全力以赴。芝芝因为自己是“新娘”想到了装扮自己，参与挑衣服，自行化妆，还学会了倾听他人，接受不同的意见，接纳他人想法。“新娘出嫁”的路线和仪仗队伍，都是幼儿合作商量的结果，偶尔教师给予适时的引导、合作的建议。在角色游戏中，幼儿往往会因“对角色及其行为能力的理解不同”而产生分歧，例如在选择“白马”还是“黑马”时有不同的想法，但最终达成一致意见，这也是他们之间协调、适应、合作的过程。

（三）追随学习发展需要，给予游戏自然生长

正像杜威强调的，兴趣是“儿童生长中能力的信号和象征”，是“儿童已发展到什么状态的标志”。幼儿的游戏有了新的支持，他们的状态更加投入，表现也更加多元。纵观他们的游戏过程，有问题情境，能引发幼儿的好奇心和探究愿望，有认知冲突，有问题解决，有原有经验的调动和新经验的获得。作为教师，要当好幼儿游戏的“催化剂”，采取适宜的策略引导幼儿不断进行深入的探索和学习。（图 19）

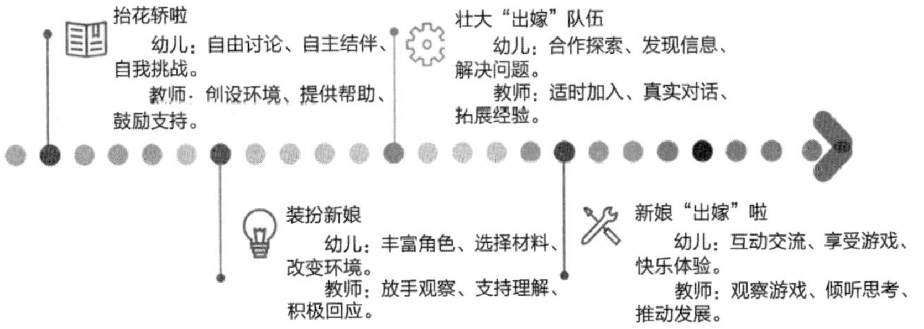

图19 游戏的发展、体验和支持

我们尝试跟随幼儿的学习与发展需要，教师作为观察者、支持者，幼儿是体验者、参与者、分享者，教师不干预幼儿的游戏，让游戏自然而然地发生、发展，幼儿在角色中得到满足的体验。

爱莎饰品店开张啦

陆欣瑶、房媛

年龄段：中班

一、背景与来源

美工区一直是孩子们乐此不疲的创作场所。函函来到了美工区，她拿出了熟悉的太空泥，一拽、一搓、一粘，一个蝴蝶结就做好了。她把蝴蝶结往头发上一放，说：“你看，它戴在头上可以变成发夹，戴在衣服上可以变成胸针！”（图 1）

图1 函函在与蝴蝶结互动

游戏分享时，函函主动介绍自己的作品，蝴蝶结一下子吸引了孩子们的兴趣。黏土与孩子们天马行空的想象碰撞在一起，一场意想不到的角色游戏就此拉开了帷幕。

二、观察与思考

观察一：多的发夹怎么办？

之后几天，孩子们陆陆续续地用黏土进行创作。他们做出了各式各样好看的饰品：贝壳发夹、小鱼发夹、云朵发夹、小鹿发箍等。这些饰品渐渐摆满了展示架。一天，男生小宝也加入制作饰品的游戏中。一位男生的加入，像磁铁一样引来了更多男生参与创作。他们制作出和女生完全不一样风格的饰品：毒液发夹、坦克发夹、汽车发夹……但展示架上已经摆满了先前制作好的饰品，怎么办呢？

游戏分享时，一伊提出了问题："男生又没有长头发，制作出来的发夹给谁戴呢？"小宝说："我是给妈妈做的。老师，我可以带回家给妈妈吗？"一伊很认真地说："不行不行，女孩子的发夹都是从饰品店里买的。"庆庆主动说："要不我们也来开个店嘛！"孩子们听完，特别兴奋地开始讨论："我想买那个小鱼发夹给妈妈！""太好了！我要带姐姐来买！""我要做老板，你们都过来买呀！"

教师的思考

孩子们一个劲地制作发夹，游戏似乎仅仅停留在制作的层面上。一位男生的加入与女生联系生活经验的讨论，推动了游戏情节进一步发展——开饰品店。当孩子们的经验变成共同经验的时候，形成一连串的生产力。基于对"饰品店"的共同认识，孩子们之间有共同话语，形成碰撞，以游戏生发，以游戏推动，最后以游戏回归。中班的幼儿已经积累了角色游戏的一些知识，不妨放手支持孩子们去自己开店。

观察二：饰品店叫什么？

我们将"饰品店名字大调查"的问卷放在美工区，小朋友进区后开始讨论起来。恩恩说:“就叫五颜六色饰品店吧，你们女生的发夹都是五颜六色的。”正正思考了一下，说:“叫文峰超市，因为文峰超市里面也有卖发夹的地方。”函函说:“叫爱莎发夹店，爱莎的长辫子可以夹很多发夹。”这一提议引来了女孩子们的赞成，函函、一伊、诗语和灿灿四个小女生马上开始了饰品店标志的设计。设计完成后，她们开心地向周围的小朋友介绍说:“这是我们设计的爱莎饰品店的标志，你们觉得怎么样？”（图2）雯雯连忙拍手说:“哇！好漂亮！”根据投票结果，大家最终决定将饰品店取名为“爱莎饰品店”。

图2 幼儿在介绍饰品店标志

教师的思考

对于店名的功能，孩子们已经基本掌握。他们能联系生活经验，从发夹的颜色、小店的服务范围、自己的爱好来取名，清楚地知道名字的含义具有独一无二的价值。他们的自我意识发展迅速，已经达到《3—6岁儿童学习与发展指南》里中班幼儿社会领域的目标，“能按自己的想法进行游戏或其他活动”，也能感受“规则的意义”，即按照少数服从多数的原则，一致同意“爱莎饰品店”的店名。

经过班级内部审议后，我们发现孩子们的兴趣集中在这些地方:（1）发夹的制作;（2）开店的准备工作;（3）饰品店里的社会角色;（4）买与卖。关于“开店”的经验与兴趣像是一颗颗珍珠，散落在沙滩上，需要“一根线”将它们整合串联在一起。

观察三：饰品店开张了吗？

孩子们借来一个空展示柜，迫不及待地开始整理、装修。摆上饰品，放上从家里带来的试戴模特，挂上门店招牌，爱莎饰品店的装修工作就结束了。（图 3）孩子们站在门店里等啊等，却没有一个客人来，他们显得有些急躁。于是我以顾客的身份介入游戏，问他们：“你们的饰品店开张了吗？”孩子们点点头。“怎么好像知道你们饰品店开张的人不多呀？”

图3 孩子们在做准备

一伊陷入了苦恼：“怎么让别人知道爱莎饰品店开业了呢？”正正说：“用一个大喇叭喊。”函函说：“我昨天去超市，人家还给我妈妈发了宣传单呢。上面全是便宜的东西，超市人可多了。”一伊点点头说：“我也看过商场里面有买一送一的活动，要不我们也买一送一！”庆庆提议：“我们叫爱莎饰品店，得把我们的标志画上去。”朱朱又接着问：“什么时候去发宣传单呢？”一伊连忙回答：“越快越好，就明天吧！”

小朋友们讨论决定了爱莎饰品店的宣传方式。开始工作后，孩子们就遇到了问题：开业地点“中二班”不会写。朱朱观察到班级门口上的三个圆圈，就在宣传单上画了个门，上面有三个圈；恩恩写出了“中二”，不会写“班”，他提出要到班牌那去看一看，发现“班”由两个“王”、一个“刀”组成，并将发现告诉好朋友优优。

宣传单制作好后（图 4），孩子们分别带着宣传单走进各个班级，告诉熟悉的朋友、老师爱莎饰品店即将开张的消息。

图4 宣传单

教师的思考

在宣传活动中，大多数幼儿都能表征出“爱莎饰品店”，难点集中在三个地方：地点、日期、优惠的表征。个别幼儿有其闪光的处理方法。在前阅读、前书写中，中班的孩子能够通过观察生活中的事物以及同伴合作解决问题，这已经是较高的主动学习水平的表现。语言领域上他们已经达到《3—6岁儿童学习与发展指南》“喜欢听故事，看图书”目标中的对生活中常见的标识、符号感兴趣，知道它们表示一定的意义，并且对“时间”和“空间”也有一定的兴趣。在宣传的时候，他们戴着自己制作的饰品，得到了回报——卖出了发夹，收获真实的钱币；也遇到新问题——顾客不喜欢现有的发夹，需要私人定制，此外还有定价的问题。经过商定，幼儿和教师决定将价格定为2元、3元、5元、8元几个档次，并根据价格将发夹进行简单分类。当然，这些都是已制作好的发夹的价格，私人定制的价格是10元。

观察四：饰品店里怎么这么乱？

小宝带着自己的零花钱来给妈妈买发夹。他看了一圈，终于在展示架上看到自己喜欢的汽车发夹（8元）。爱莎饰品店里挤满了小朋友（图5），小宝拿着发夹绕了一圈又一圈，眼睛看向我。我走过去，问：“小宝，你买到自己喜欢的发夹啦？”小宝点点头，说：“我找不到老板在哪里。”一下子，从展示架里钻出三个小朋友，一伊、琪琪、庆庆都说自己是老板。一伊有些不满，对庆庆说：“你是宣传员，琪琪是售

图5 小朋友前来选购

货员，你看你身上还有小喇叭呢！”庆庆挠了挠头，嘟囔了一句：“我也想做老板的。”小宝拿出 10 元纸币，递给一伊，说：“老板，我买这个发夹。”一伊说：“琪琪，快找钱，有生意啦！”琪琪不记得昨天讨论饰品价格的结果，找了一张 5 元纸币。小宝开心地拿着发夹结束购物。

教师的思考

孩子们进入角色往往只需一句话的推动或者是游戏材料的刺激，但中班幼儿的角色游戏也存在不稳定性。我们将饰品店开业第一天的游戏现场拍成视频在“晨圈”时间进行分享，孩子们在讨论中发现了问题：（1）饰品店老板、售货员、宣传员的工作有重复；（2）忘记了饰品的价格；（3）小朋友都想进饰品店玩，但地方太小。

我们把饰品店的位置进行了调整，移动到宽阔、有阳光的走道。同时将饰品再次分类，考虑中班幼儿年龄特点，下调价格并亲自制作了价目表，让店员、顾客都能清晰知道饰品价格。《3—6岁儿童学习与发展指南》中强调孩子的真游戏、真情境、真体验，所以关于饰品店的角色，我们选择让幼儿从生活中寻找答案。幼儿自由分组，进行调查，观察生活中的商店需要哪些员工，有哪些流程，将观察到的现象进行记录。（图 6）同时我们鼓励孩子们使用真实货币，用自己的零花钱来购买，用售卖得到的钱来买需要的材料与工具，感受真实的售卖和货币的流通。

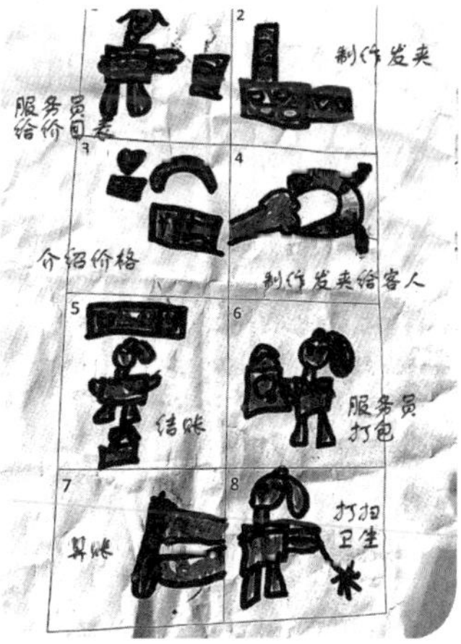

图6 孩子的调查

观察五：我想要的发夹这里没有

饰品店营业几天后，好看的发夹几乎都被孩子们买走了。之前在宣传的时候遇到的老师来买发夹，她跟小老板秋秋说："我想要个兔子发夹，上面还要有可爱的笑脸，你们店里有定制的吗？"

秋秋点点头，拉着一伊，介绍说："这是我们的设计师，你可以和她说。"一伊拿出纸和笔，画下客人的定制要求（图7），开心地到班级的美工区里和正在制作发夹的女生说："外面有个老师想要这样的兔子发夹，你们谁来做啊？"

图7 私人定制沟通中

图8 私人定制订单反馈

萱萱接过订单，专注地制作起兔子发夹。不一会儿，萱萱就把发夹做好了，她给送到爱莎饰品店。（图8）一伊拿着兔子发夹给顾客老师，顾客看了看，说："兔子发夹上要有可爱的笑脸呢，这个笑脸做得有些小，怎么办啊？"一伊挠挠头说："我给你便宜一点，再送一个蝴蝶结发夹，好不好？"顾客老师点点头。

教师的思考

在孩子们的兴趣逐渐变淡后，游戏情节有了进一步发展：私人定制单出现，饰品制作车间投入使用。游戏范围与空间也在不断地扩大，从一个单纯摆放成品的展示柜发展到有明显的售货区、收银区、私人定制台、制作车间等。孩子们将一个简单的黏土制作，不断联系生活经验与兴趣发展，形成了一个主题鲜明、真实有趣的开店游戏，后续的游戏情节也在不断生成。

三、总结与反思

（一）自然生发的游戏主题

“爱莎饰品店”的主题源自幼儿的游戏，源自幼儿兴趣的动力。首先是个别兴趣的萌芽。函函创作出美丽蝴蝶结并进行作品分享，大家都想拥有这样的发夹，教师适时鼓励他们进入美工区自主创作。其次是集体兴趣的推动。孩子们联系自己的生活经验，女孩们制作出有创意的饰品。很快问题就产生了，饰品本来是偏女性化的物品，怎么引导小男孩也产生兴趣上的共鸣呢？晨谈时间，教师与孩子进行讨论：“小男孩可以制作怎样的发夹？”第二天的美工区，男孩们制作出与小女生风格完全不一样的发夹，男生甚至提出“我想把发夹给妈妈”的愿望。随后大家一拍即合，共同开饰品店，既解决小男孩参与性不高的问题，也解决制作出的饰品被“搁置”的问题。在孩子们兴趣的推动下，“爱莎饰品店”应运而生。

（二）自主准备的活动经验

为了解饰品店功能和环境，他们在周末与爸爸妈妈走进饰品店参观，知道了饰品店的人员有老板、导购员、宣传员、顾客等，饰品店的环境准备上需要展示柜、展示架、小镜子、宣传单、价目表等。他们还在家长的支持与配合下，设计出“爱莎饰品店”的招牌。他们通过调查、收集、讨论，获得关于“开店”的经验，进一步拓宽视野，让原本简单的制作饰品生发出更多趣味。

（三）自由演绎的游戏活动

“爱莎饰品店”既是幼儿的想象游戏，也是幼儿的真实生活。教师的角色更多的是引导者和观察者，以“观察—讨论—实践—反思—调整”的活动序列贯穿整个游戏。比如饰品店的员工安排、购物流程调查、饰品定价中的突发情况以及私人定制的问题等，都是孩子们在游戏中遇到的问题。比如在开店第一天，爱莎饰品店就遇到了重大问题，那就是商品没有价格。其实教师前期就已发现，却没有干预，而是把体验的权利交给幼儿，让幼儿自己发现问题，真正实现在问题中学习，在问题中进步。经过商量，教师和幼儿定好了发夹的档次和价格，但在营业中，教师发现仍然存在问题：有幼儿想买8元的发夹，给了老板10元，老板却不知道找回多少钱。价格的设定远超中班幼儿年龄特点的接受难度，对此，教师及时干预，在与幼儿再次讨论后将原来的2元、3元、5元、8元、10元降为1元、2元、3元、4元、5元，并且货币形式只限于硬币。

（四）进一步支持“班班联动”

经过讨论、实施、再调整，爱莎饰品店总算是步入正轨了，但受众群体似乎还存在一定的封闭性。营业后，幼儿兴趣浓厚，但是只有本班幼儿在参与，事先也做好了隔壁班的宣传工作，为何不见其他客人的光顾？如何打破班级与班级之间的隔阂成为老师再次思考的问题。有效的班班联动能更好地促使幼儿语言、社交等能力的显著进步，需要让幼儿“忙”起来，做主动的学习者！

快递员已就位

周颖、管静
年龄段：中班

一、背景与来源

下午户外活动时，由孩子们自己选择喜欢的游戏。几个小朋友玩躲猫猫游戏时，躲到了门卫室，看到堆着的快递包裹，他们顿时来了兴趣，围在一起讨论起来……

当今生活越来越便利，很多物品都是通过网络购买，孩子们常听爸爸妈妈说起，并乐于跟爸爸妈妈去领包裹，“快递员”“包裹”时常挂在幼儿嘴边。《幼儿园教育指导纲要（试行）》中提出幼儿园应当以游戏为基本活动。游戏是儿童产生高级心理现象的重要源泉，是儿童社会化的最重要途径。陈鹤琴先生也说过，儿童的世界是儿童自己去探索去发现的。所以，追随着孩子们的兴趣，一段有关快递员的奇妙旅程开始了。

二、观察与思考

观察一：派送初尝试

躲猫猫游戏时，浩浩被门卫室桌边的快递包裹吸引了，他惊呼起来："哇，怎么这么多包裹！"乐乐也上前翻看了起来："这些包裹都是谁的啊？"浩浩说："不知道，骁骁认的字多，让他来看看吧。"没一会儿，几名幼儿都围了过来。（图1）骁骁说："这些都是老师的，这个写的是周老师，这个是王老师的。"面对满地的包裹，骁骁提议："要不我们把包裹给老师们送过去吧，我们来做快递员！"这个有趣、富有挑战的主意，瞬间点燃了孩子们的热情。

图1 观察包裹

在获得保安叔叔同意后，孩子们每人拿了个包裹。骁骁指了指教室方向："我的包裹是张老师的，就在我们班隔壁，我们去送给她。"乐乐却犯了难："这个王老师的包裹怎么办，我不知道她在哪个班。"浩浩也皱着眉头："刘老师是大一班的，你们知道大一班在哪里吗？"骁骁思考了一下说："你们都跟着我，我们一个班一个班去问问看。"就这样三个孩子拿着包裹楼上楼下挨个敲门去了。（图2）送完以后，他们已是满头大汗，疲惫之感大过了成功的兴奋。

图2 初次派送

教师的思考

中班幼儿自我意识增强，在游戏中喜欢表达自己的想法，看着一堆快递包裹，孩子们发起了“送快递”的扮演游戏。

从幼儿最初的游戏状态中可以看到，他们已具有发现问题的敏感性和解决问题的主动性，但解决问题方法较单一。他们在找不到收件人时，没有放弃游戏，而是想到逐个班问，虽然方法有点“笨”，但结果是成功的。我们作为游戏的旁观者，并没有急于干预，而是继续观察，看看幼儿的兴趣点到底是什么，接下来会不会创新和探索游戏玩法。

观察二：绘制幼儿园地图

四名幼儿坐在包裹堆前讨论了起来。

乐乐说：“这样每个班跑着问，什么时候能把这堆包裹送完啊。”

浩浩感叹道：“哎呀，要是有个手机地图多好啊。只要问一句‘大一班怎么走’，就到了。”

紫悦提议：“要不我们自己做个地图吧，把每个班的位置都画下来！”

浩浩表示同意：“嗯，我们还可以把老师的名字都贴上去。”

紫悦的提议激起了孩子们的热情，可是问题又来了，地图要怎么画呢？孩子们跑过来向我们寻求帮助。为了保护孩子们的积极性和主动探索的欲望，我们又把问题抛给了他们：“你们觉得画幼儿园地图需要知道些什么呢？”

骁骁思考片刻说：“要知道每个班在什么位置！”

浩浩想了想说：“幼儿园一共有两层，楼上好像是大班，谁和我一起去看看？”

在浩浩的指挥下，孩子们分开观察幼儿园环境，不一会儿，就在班里集合画起了幼儿园地图。（图3）地图完成后（图4），紫悦用三脚架将地图撑在快递堆前的桌子上，方便大家查找。在地图的帮助下，剩下的包裹很快就送完了。

图3 共同绘制幼儿园地图

图4 幼儿园地图成品

教师的思考

幼儿知识的习得往往发生在面对困难、产生疑问、解决问题的过程中，在每个困难背后都隐藏着多种学习的可能性。在孩子们向我们寻求帮助时，我们只是用提问进行引导，把主动权归还给孩子们，之后孩子们的领导能力和实践操作能力让人惊喜。如果一开始直接把班级位置告诉他们，他们就失去了这个极好的学习机会。

幼儿园地图的绘制，让幼儿了解了班级分布，为进一步游戏打下基础，而其分工合作能力、社会交往能力、空间思维能力也在地图绘制与使用中得到了提升。

观察三：快递员的新帮手

这天游戏时间，孩子们又来派送快递包裹了。“哇，这个包裹好重啊！”敏敏吃力地拽着一个箱子喊起来，小兔连忙跑来帮忙，小兔嘀咕起来：“要是我们像快递员叔叔那样也有快递车就好了。”一旁的炫炫听到了，连忙说："我去借三轮车！"很快，炫炫就骑了一辆三轮车来，还带来了推着小车的尼尼一同加入游戏。运送工具有了，孩子们把包裹抬上三轮车（图5），飞快地奔向目的地。

图5 快递车

在炫炫的提议下，孩子们还进行了运包裹比赛。出发前，炫炫认真地看了会儿地图，自言自语道："小三、小四都在一楼的最里面，我用小车可以同时送好几个包裹呢。"（图6）比赛结果可想而知，炫炫兴奋地和朋友们分享自己的秘诀：出发前先看地图，看看哪几个班靠得近，把他们的包裹都放在小车上一起送！

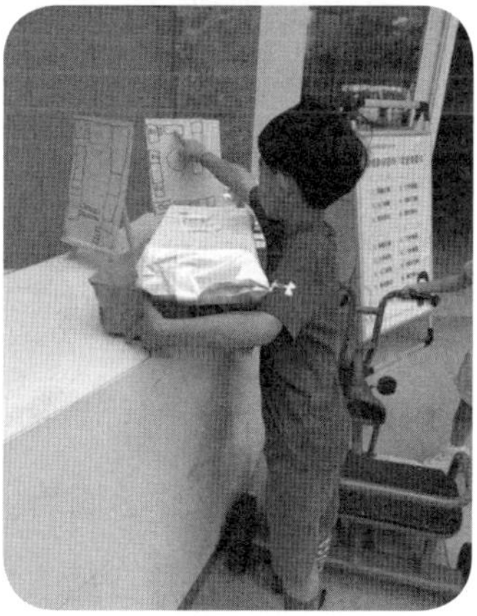

图6 出发前先看地图

教师的思考

通过生活经验的积累与启发，幼儿能寻找周围适宜的材料进行进一步游戏。和其他幼儿交涉借三轮车的过程也让其社会性得到发展。

游戏中炫炫能主动提出运包裹比赛，在比赛前通过分析地图，思考怎样派送更快捷，不禁让我们叹服于孩子的自主性和思维能力。游戏发展至此，幼儿能将生活经验创造性地运用在游戏中，自主建构并层层推进游戏发展。

观察四：快递站公约

快递小车穿过操场时，吸引了一群小朋友，他们都想加入快递游戏。（图7）在里面守着的晨晨喊了起来："不行不行，人太多了，这边不需要人了！"好不容易把人群散开，他拉着小伙伴们商量了起来："我们快递站要有秩序，不要那么多人！"瑶瑶说："对，我们还要准备统一的牌子，让人家一看就知道我们是快递员！"浩浩也赞同："这样吧，几个人就做几个牌子。"晨晨挠了挠头说："我和瑶瑶负责送，还要有一个老板，负责整理包裹。"浩浩也很开心："我要做保安，维护秩序，保护包裹不被偷走！"

图7 快递站人数过多

经过商量，孩子们给快递站分了四个角色——两个快递员、一个老板、一个保安，并且做了角色牌。（图8）瑶瑶说："我画个三轮车，这个就是快递员的标志。"浩浩想了想："那我就给保安画个帽子吧！"大家还给快递站起了个名字——"最棒快递"，并一起开心地给快递站画了标志、挂了牌。（图9）在晨晨的提议下，孩子们给"快递车"也贴上了"最棒快递"的标志。

图8 商量着画角色牌

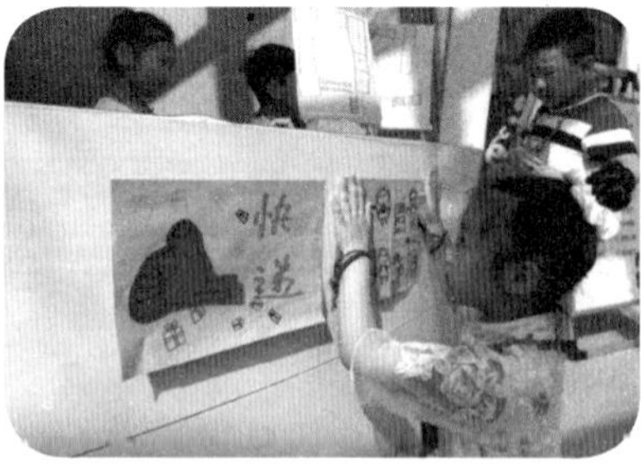

图9 给快递站张贴招牌和规则

圆圈时间，快递站的孩子们分享了自己今天的收获，介绍了人员分配和规则，最后还绘制了快递站流程图（图 10），给没有玩过的幼儿参考。孩子们对“快递员”的游戏都跃跃欲试。

图10 快递站流程图和角色牌

教师的思考

幼儿主动为游戏制定公约，说明他们已经明确了规则在游戏中的必要性与重要性。一起制作角色牌、公约、标志，设计好就迫不及待地张贴出来，让我们感受到了他们的自豪感和成就感。幼儿的奇思妙想、果断行动，使游戏有了更多的情节和互动。

幼儿是有能力的学习者，在游戏中最重要的是他们自己尝试、探索的过程。作为教师，我们更应该关注幼儿在这个过程中是如何发现问题和解决问题的。

观察五：快递员的新业务

这天包裹很快送完了，孩子们在快递站里无所事事，一直嘟囔着“好无聊”。我们便走过去：“请问可以寄快递吗？”几个孩子一下子全围了过来。恒恒最积极地喊了起来：“可以！可以！我们什么都能寄！”小雨问：“老师，你们想寄给谁啊？”我们回答道：“要把这本书寄给中三班的单老师。”孩子们开心极了，恒恒大喊：“我来找个盒子装书！”小雨还拿来了纸笔让我们写“快递单”。

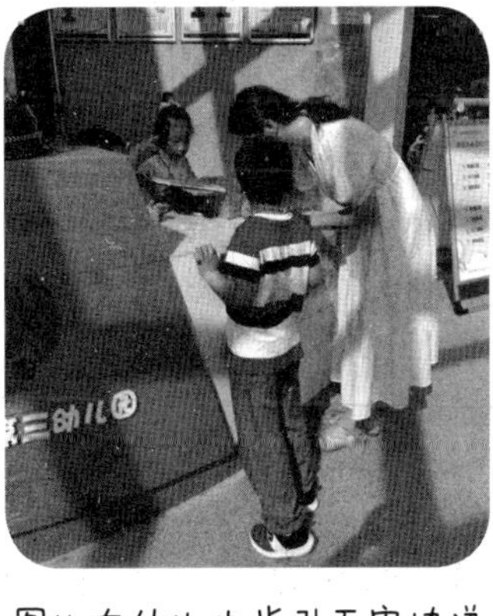

图11 在幼儿的指引下寄快递

我们假装疑惑地问："快递单上要写什么？"思思说："写上你们和单老师的名字！"清清补充道："还有条形码呢，我待会来给你画上。"按照他们的提示，我们寄起了"最棒快递站"的第一单快递。（图11）小雨也跟着说："我也想寄快递，我要寄朵花给柠乐，给她个惊喜！"说着她也写起了快递单。就这样，快递站发展了新业务：寄快递。

图12 宣传快递站业务

恒恒拉着思思说："我们去宣传一下吧，招揽点客人来！"于是，他俩跑到人群中招呼了起来："最棒快递站可以寄快递啦，只要五块钱，有人要寄快递吗？"（图12）

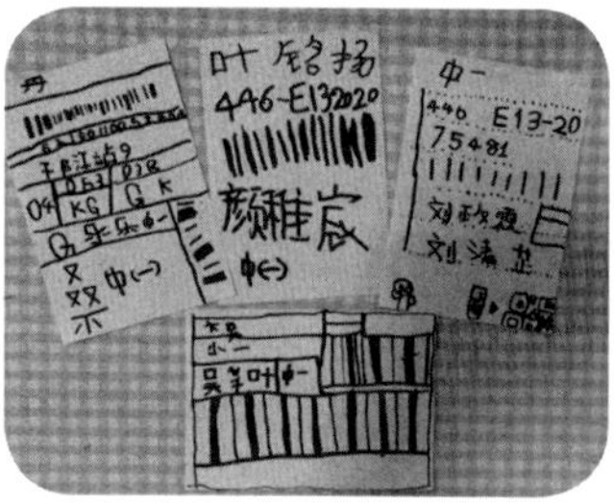

图13 幼儿绘制的快递单

快递站又热闹了起来，时不时会有人给好朋友寄上"小惊喜"，孩子们还自己设计快递单（图13）、快递盒，快递员们也忙碌了起来……

教师的思考

游戏进行了几天，由于没有新的元素注入，孩子们的兴趣变淡。这时，我们以同伴身份参与游戏，提出问题、引发思考，进行隐性指导。当我们抛出"可不可以寄快递"的问题后，孩子们积极回应，思考寄快递需要的物品和流程。后来他们又主动宣传，招呼客人寄快递，他们的主动出击，让快递站又恢复了生机。专注于游戏的幼儿，不仅不怕遇到问题，而且总能制造惊喜。当看到"快递站"里的忙碌和喜悦，我们也对后续的游戏产生了更多的期待。

三、总结与反思

生活给予了我们各种各样的教育契机，也赋予幼儿许许多多的学习机遇，“快递站”就是幼儿偶然发现、从生活经验中衍生出的扮演游戏。从产生送快递包裹的想法到幼儿园地图的绘制，再到制定公约等，老师都没有直接告诉幼儿应该怎么做，都是幼儿在游戏实践中，通过观察、讨论、思考、尝试而逐渐生成的。这一系列游戏始终给幼儿新鲜感和兴奋感，让其真正地玩在其中、乐在其中、学在其中。

（一）结合生活经验让游戏生根发芽

快递员是孩子所熟悉的职业，他们创造性地用游戏形式体验快递员的工作。在一次次的讨论、游戏、再讨论中，孩子们从不会派送包裹到主动发展快递站的业务，不断地挑战自我，发现问题、解决问题，最后将“最棒快递站”呈现在大家眼前。

系列游戏不仅提升了幼儿的社会交往能力、语言表达能力以及解决问题能力，还激发了幼儿独立思考、勇于面对困难的精神。由此可见，生活经验滋养和丰富着他们的游戏，而游戏又将他们的生活经验进行验证和反馈，让生活、游戏、学习、发展融为一体。

（二）保护幼儿主动性让游戏枝繁叶茂

幼儿是游戏的导演，教师要充分相信幼儿，放手让他们大胆玩，大胆演。

教师是启发者：绘制地图时幼儿向教师寻求帮助，教师用提问方式把主动权还给幼儿，启发幼儿发现问题、解决问题。

教师是观察者：当快递站秩序混乱时，教师没有立即上前维持，而是等待幼儿主动想办法解决问题、制定公约，以旁观者的立场了解幼儿活动。

教师是参与者：当幼儿送快递包裹的兴趣降低，教师适时以客人身份参与其中，引出寄快递游戏，之后又默默退出，让快递游戏在没有过多干预的情况下有层次地递进。

（三）不足之处和活动延伸

幼儿现有游戏是在已有经验上生成的，但幼儿经验有限，游戏的深度和广度不够。在后期可以让幼儿和家长一起参观小区快递站，了解快递员的日常工作流程和项目，有效利用家长、社区资源，丰富幼儿生活经验。同时也可以让幼儿尝试网购，从选物品、看物流，到收快递、拆包裹，最后到服务评价，让幼儿真实了解快递员在我们生活中的重要作用。

孩子们和快递的故事还在继续，期待孩子们的无限探索热情和创意灵感，给我们带来更多有趣的游戏……

“特种部队”

肖蓉、房瑞青

年龄段：混龄

一、背景与来源

野战区一直是孩子们特别喜欢的户外游戏区域，他们喜欢野战游戏的紧张感，也乐于玩士兵和敌人追与逃的游戏。这里没有教师预设的规则和玩法，孩子们会自由组合，自行分配游戏角色，自由取放材料，享受自主游戏的乐趣。在经历了“六一嘉年华”的小红军探险之旅后，孩子们似乎更会玩了：混龄玩、分角色玩、建阵地玩。孩子们热衷于“士兵与敌人”的较量，假游戏却动了真格。从起初拿着玩具枪四处无目的地奔跑，到后来的划阵营、分角色、显情景、有分享等等，充满仪式感的“特种部队”便诞生了，随着游戏的渐进，孩子们增添了合作意识，集体荣誉感油然而生，对野战营内的种种更加感兴趣，并且有了强烈参与的欲望。

二、观察与思考

观察一：野战营初探——谁是自己人

中班：泽元、陶锋、优优等。

小班：佑汐、慧云、萱萱、小凯、铭铭等。

伴随着欢快活泼的音乐，混龄大区域游戏开始了。小朋友们一拥而上，挑选“战斗”的装备。拿到装备的孩子们枪举过头顶，欢呼、跳跃。陶锋拉住泽元的手说：“兄弟，我们走。”小班幼儿听完，也跟着过去，小眼睛一刻也没离开中班的哥哥姐姐。他们一个追着一个，绕着伪装网奔跑、追逐，时而举起手中的枪，小嘴巴里发出“砰砰”的声音。

不一会儿，陶锋进入小班阵地，喊道：“这里已经被我们占领了，举起手来，不然我们开枪了！”（图1）“啊！敌人来了，快跑！”小班的佑汐边跑边喊。慧云看到这一幕，赶紧拉上萱萱一起跑。小凯则开心地奔跑起来，一边跑一边喊：“救命啊！”这时，铭铭举起枪冲了出来，对着“敌人”大声喊道：“我也有枪，我要把你们消灭掉！”（图2）

图1 占领阵地

图2 铭铭反击

经过一轮追逐，孩子们都四散开来等待时机。泽元将枪伸入伪装网的洞洞里，眯起一只眼，枪口对准宸昊，嘴里发出“砰砰”的配音。“你被我打中了，快倒下去！”宸昊将枪垂直于身体，握于胸前，缓缓转过身皱着眉头说：“你怎么打自己人？”“随便打，打到的人要倒下。”泽元撇着小嘴，一边说一边低头拨弄着枪上的扳机。陶锋拉下伪装网，探出小脑袋说：“要不然我们男生一队，女生一队。”铭铭和身边的小伙伴异口同声地说：“好！”优优说：“老师，我们女生人这么少，肯定打不过。”睿婕挥挥手说：“‘黑白配’吧，这样就公平了！”陶锋说：“可是我想和泽元一组。”泽元凑到陶锋的耳边说了什么，陶锋对睿婕说：“好吧，那就‘黑白配’。”（图3）说完，眼睛看向泽元，捂着小嘴，要笑不笑的样子。

图3 “黑白配”分组

分组完成，孩子们又开始进入了游戏。泽元说：“打到就要倒下。”可这次，被“打到”的是他。铭铭举起枪一阵“扫射”，泽元的队友们都“阵亡”了。泽元说：“那是我们这边隐蔽的地方太少了，这回不算。”陶锋说：“我们可以做个碉堡啊。”泽元眼睛一亮：“你是说防御墙吗？这个主意不错。”

教师的思考

《3—6岁儿童学习与发展指南》中指出，幼儿社会领域的学习与发展过程是其社会性不断完善并奠定健全人格基础的过程。幼儿的社会性主要是在日常生活和游戏中发展起来的。中班的泽元、陶锋最先发起游戏，他们对于游戏最初的想法是：有了枪就应该去“打别人”“占领地”。他们用自己对野战营的理解以及生活经验进行了游戏，并在产生分歧时用了“黑白配”的方式进行分组，让游戏得以继续。

而几名小班的幼儿就像小跟班一样，时刻围绕着中班的幼儿。其中令我们惊喜的是慧云跑到了萱萱的身边，拉着萱萱一起跑的场景。尽管此时她们还是小班的孩子，还没能达到合作游戏的水平，但是遇到危险，游戏中的慧云能想到带着好朋友一起逃跑。而铭铭冲进帐篷里面，拿出了一把枪，跑出来要与“敌人”抗衡，表现出了他勇敢不畏惧的品质，同时他也有游戏的创新性。于是，我们对他们的游戏产生了进一步的期待。在中班孩子的带领下，下一步他们将要设置安全防护墙来躲避敌人。

观察二：设置安全防护墙，延伸安全防护墙

中班：婧瑜、优优、陶锋、泽元、睿婕、恩骐等。

小班：慧云、昊谦、佑汐、铭铭等。

“婧瑜，我们一起搬过去吧！”优优说。

“你竖着拿，要不然膀子会痛的。看，像我这样拿！”婧瑜一边双手抱着轮胎一边看向优优。

“我们慢一点哦，累了就休息一下！”孩子们已能协作一致，熟练地自己搬运游戏器材与道具，并且能通过语言提示同伴的动作及速度。

“啊呀，滚不就行了吗？”陶锋将轮胎竖起来，两只手掌不停来回将轮胎推近。在泽元的帮助下，陶锋很快垒起四个轮胎，他爬进轮胎洞：“我们可以躲在这里。”泽元说：“那我呢？”还没来得及搭建，睿婕把枪口对准泽元：“你再不躲起来，就要被我打到了。”泽元赶紧吃力地将一个轮胎竖着放在了横着的轮胎洞中，眯起一只眼睛，把枪对准了睿婕。（图4）

图4 搭建轮胎堡垒

另一边，小班的慧云也学着陶锋他们垒好了高高的轮胎，躲在后面小声地喊萱萱：“快到这里躲起来。”一旁的佑汐看到了，跟着躲了进去。他们小声嘀咕道：“快躲好，不要让敌人发现。”围着野战营跑了几圈的昊谦，快速地躲到了野战网的后面，他把头低下去，把手缩在身体旁边，

期待着不被对方发现。（图 5）而其他奔跑着的小朋友，也各自寻找躲避的地方。小祎和涵涵戴上了柳叶帽，手拿着绿色枝条，学着战士的模样伪装自己，然后找地方躲了起来。（图 6）

图5 躲在野战网后

图6 头戴柳叶帽躲起来

泽元将一个轮胎竖放在了横放的轮胎洞中作为防御墙，雨晨说："我们也堆那种墙，堆得长一点。"说完，开始号召队友用一样的方法延长，搭成一个足够容纳所有队友的防御墙。队友们说干就干，很快搭建完成。宸昊用手推了推竖立的轮胎说："很牢固，我们可以躲起来了。"其他队友也一人找了一个洞洞隐藏起来，将武器从洞里伸了出去。

教师的思考

中班幼儿的自我意识增强，喜欢在游戏中出主意。如泽元，最先发起了游戏，并在游戏中担任领导者，其他幼儿被游戏吸引。尽管没有太多的道具、材料，但幼儿依然十分感兴趣，仅借助心中的角色，奔跑、大笑，说明"角色和情景"引发了幼儿的好奇与参与。这是幼儿自发的、角色性的户外游戏，躲闪跑、追逐跑等运动技能融入了他们的游戏。后来发现用轮胎搭防御墙，并不能遮挡所有的伙伴，于是产生思考，用错位垒高、延伸防御墙的方法藏住自己，同时也可以藏住自己的同伴，让自己的营地能够更大一点。

小班幼儿在游戏中的主导意识较为薄弱，但是他们善于观察模仿中班的哥哥姐姐，并在此基础上有了自己的“小点子”。慧云和萱萱躲起来之后，其他的幼儿都加入了躲藏的行列。他们分别躲在了不同的地方，只是碍于游戏场所的设置，很快便被敌人发现了躲藏的位置。

在这个游戏过后的一次建构活动中，泽元和宸昊用积木搭了一个炮台。泽元说：“对了，我们去野战营也做一个大炮吧。”可以看到中班的幼儿已具有发现问题和解决问题的主动性，但对解决问题方法的多样性、适宜性的探究还不够大胆和深入。因此，根据幼儿的兴趣顺势而导，触发主动探究是关键。

观察三：敌我对战，搭建医疗站

中班：泽元、恩骐、劲阳、雨晨、宸昊等。

小班：小凯、萱萱、佑汐、陈未、宇轩等。

以恩骐为首的小分队，看到对面的防御墙，恩骐朝着雨晨的方向说：“你们别动，中间是河，你们过不来。”一边说，一边和劲阳等把轮胎搭建、延伸成和对面一样的“防御墙”。两队激烈对战，高空投掷“炸弹”球，躲避、隐藏、攻击、防守等，俨然一副野战兵的架势。（图7）见火力不足，劲阳着急地推着小推车给恩骐等小伙伴们补充弹药。（图8）看见敌人的炮火轰炸过来，他们立马蹲下，躲进战壕，等待对方火力减小了，再偷偷露出半个身子，伺机出动偷袭对方。

图7 两军对战

图8 补充弹药

而雨晨这边，陈未躲在防御墙后面，一个接一个地向外投射着炸弹。“哎哟，我受伤了，流血了！”陈未突然大喊起来。雨晨说：“战士们都受伤了，我们的医疗兵在哪里呀？”小伙伴们你看看我，我看看你，连连摇头。“在这里！”我们挥手，“我们是医疗兵，需要做点什么呢？”雨晨昂着头说：“医疗兵要给受伤的兵治疗、缠绷带。”“可是我们现在什么都没有呀。”我们一边说一边看看孩子们。诺诺说：“我知道哪里有。”说完，拉着小祎向教室走去。不一会儿，她们俩合扛着小帐篷，还拖着一块垫子，走到野战营。大贤则将娃娃家的药箱兜在怀里，在后面追着。

大家合力一通整理，简易医疗站建成。诺诺说：“我去看看有没有受伤的人。”说完拉着从骑行区拖来的小车，向大家问道：“你们打完了吗？有没有人受伤呀？”陈未说：“我受伤了！”一边说一边摸摸自己的手臂。诺诺挥挥手：“那你快上车吧。”她拉着车，带上陈未往帐篷这边走来。陈未躺在垫子上，摸着膀子说：“我的膀子不能动了。”大贤从帐篷里拿出药箱，拧开瓶盖，倒置在手上，擦了擦陈未的膀子。诺诺用“绷带”缠在了陈未的膀子上。就这样，医疗兵诺诺和大贤来来回回，用小车把受伤的士兵运到了帐篷处，又在帐篷里拿出听诊器、药水等，为他们治疗。

教师的思考

整个对战活动，两队幼儿能够明确自己的角色任务，在掩体搭建、防守进攻、躲避偷袭等环节都能有较好的呈现，虽然孩子们对这种打野战的经验是比较缺乏的，但是在这一场游戏中我们看到了孩子们充分的自主性。他们能自主选择场地、材料、合作伙伴，自主搭建战斗阵地，自主进行弹药的补充与游戏场景的变换，包括后面的搭建医疗站的情节，无一不在证实着孩子们具有较高的自主游戏水平。

而在整个过程中，他们对教师的参与也是有需求的，时不时会将我们当成目标。这时教师可以通过自己的游戏动作去渗透一些防护、攻击与救护的知识，幼儿看在眼里，学在心里。除了这一点，教师还要把握和关注的是幼儿的运动量，通过“清扫战场”“弹药补足”与“中场休战”等策略帮助幼儿调整活动量，适当休息，补充体力。

观察四：庆祝胜利

中班：诺诺、睿婕、雨晨、恩骐等。

小班：小凯、宇轩、铭铭、萱萱等。

战事接近尾声，恩骐小分队火力明显不足，这时睿婕说：“那里还有好多彩色的轮胎，我们做一个彩虹桥，过去捉恩骐他们吧。”说着，动员身边的小伙伴一起搭彩虹桥。（图9）此时的恩骐躲进用垫子伪装的网内，将垫子一遮，成功躲进掩体中，举起手枪，把最后一颗炸弹，投射到对面战区。这一炸，激起了睿婕等小朋友的斗志，他们举着枪，带着小班的小凯、佑汐、萱萱依次走上了彩虹桥，把对方的头领恩骐给围剿了。“我们赢咯，我们胜利了！”小凯激动地大喊道。其他小朋友也一起欢呼雀跃。而此时另一队的孩子们似乎已经忘记了刚才的挫败感，他们也加入欢呼的行列。恩骐还举起了右手敬礼，其他幼儿也纷纷模仿着敬起礼来。（图10）

图9 搭建彩虹桥

图10 像解放军叔叔一样敬礼

教师的思考

幼儿除了从爸爸妈妈口中、电视中、平时的教育生活中积累相关的经验，在和小伙伴的游戏互动中也能够彼此交换信息，并从中衍生出更多的精彩。最后孩子们一起敬礼的画面，也感动到了我们。这是他们自己的游戏，也是他们自己的战斗，他们在本次野战营的游戏中能友好地与同伴相处，甚至是对战时，也只是根据游戏情节的需要，本着“友谊第一、战斗第二”的原则，友好地参与了游戏。一些物件的移动是需要大家齐心协力才能完成的，他们在游戏中体会到合作的重要性，同时也学习了分工合作。我们常说：“要基于幼儿的实际兴趣，支持幼儿的持续学习。”后面的讨论正是满足幼儿兴趣以及对幼儿持续学习能力的培养。讨论过程中，幼儿与同伴之间诉说、倾听、分享，既回顾了游戏过程，也梳理了游戏经验。

三、总结与反思

泽元和宸昊在建构区搭建的炮台也给“特种部队”提供了素材。其实，这个名字是由孩子们起的，饱含了对英雄形象的向往。当然可能游戏的展开有些偏离“特种部队”，比如说少了攀爬等高强度的动作和情境。综合以上，谈谈感悟：

（一）提供多元、适宜的材料，激发幼儿参与活动的积极性

在野战营游戏中，孩子们用到了柳叶帽、迷彩帽、玩具枪和望远镜、沙包等材料。这些“高结构、高仿真”的游戏材料，都是孩子们自发收集来的，更好地支持他们在游戏中获得与生活经验的连接，满足游戏扮演，获取真切的游戏体验。其中，沙包、纸球都成了孩子眼中的“手榴弹”。中班已拥有以物代物的能力，活动中想象游戏情节，在与材料的对

话中探索积累，引发更多的游戏假想活动，体验不同的材料带来的快乐，激发了孩子们参与的高度热情。

（二）提供有效的铺垫，推进情节丰富性

除了材料、角色的带动，场地规划也非常重要。幼儿会根据自己的喜好与兴趣，将场地进行划分，从而使游戏的层次感更加鲜明，玩的地方千变万化。在这次游戏中，场地的层次还是不够的。户外游戏场地高高低低的，攀爬架、沙水池、轮胎桥，这一切都可以是孩子们场地规划的要素，不局限于“野战营”这个地点。可以给孩子设置秘密基地，主要用来躲藏和防守；有些孩子将楼上的小房子当作瞭望台，来观察敌情；有些孩子将铁索桥的位置当作进攻的防线；有些孩子将沙水池当作战地食堂，为战士做饭。这些场地的利用，可以使游戏顺应孩子需求展开。还有些孩子自己设计规划防守的战斗堡垒，建立一级堡垒、二级堡垒、三级堡垒，使场地的空间都利用起来，让游戏情景更加丰富。

（三）深挖军事题材内容资源，推动幼儿游戏的双向发展

在建党100周年之际，利用时事资源和节日庆典，为幼儿普及相关军事知识，介绍军人这一职业的特点与工作内容，使幼儿产生敬佩之情。通过观看纪录片与参观军营部队的社会实践，让幼儿感受部队环境的整洁，感受士兵站岗巡逻的威严，感受部队铁的纪律，同时认知部队的各个部门，包括作战、军医、炊事、通信、军械修理等，了解各部门的工作职能与服务对象。

第二章
有趣的发现

玩泡之旅

徐润卿、季成

年龄段：小班

一、背景与来源

随着夏季的到来，幼儿在洗手池前，总喜欢用洗手液搓出肥皂泡，玩吹泡泡游戏。兴趣是最好的老师。为了满足孩子们的好奇心、求知欲，让幼儿能动手操作，“玩泡之旅”就此开始啦！于是，我们在科学区投放了泡泡棒。区域游戏时，孩子们兴高采烈地拿着泡泡棒，玩起了吹泡泡游戏，引发了“寻找材料，制作泡泡水”“寻找工具，发现‘洞洞’里吹出泡泡啦”“发现惊奇，拓展经验”“艺术创作，泡泡永存”一系列有趣的探索活动。

二、观察与思考

观察一：寻找材料，制作泡泡水

一天，到了区域游戏时间，孩子们又去玩泡泡游戏。墨墨说：

“垚垚，你看，我吹了好多的泡泡！”涵涵也不禁赞叹：“哇！好多泡泡啊！”

垚垚突然问：“泡泡水就这么一点点了，就要没了，怎么办呢？”大家摇摇头。孩子们还没有制作泡泡水的经验。墨墨说：“我用洗手液洗手的时候发现会有泡泡，能用洗手液做泡泡水吗？”孩子们你看看我，我看看你，墨墨提议：“还是问问老师吧！”听到孩子们的问题，我们说：“你们可以去试一试，看看洗手液可不可以做成泡泡水。”

于是，几个孩子跑去盥洗室，先在脸盆里挤了两泵洗手液，然后放些自来水，水击打在洗手液上，产生了绵密的泡沫，孩子们大叫：“有泡泡了，有泡泡了！”涵涵迫不及待地拿起泡泡圈吹泡泡，但随着气流的到来，泡泡立刻破碎了。垚垚说：“有泡泡的呀，怎么吹不起来？”看着孩子们皱起的眉头、嘟起的小嘴，我们提醒道：“没关系，你们可以回家问问爸爸妈妈，相信你们一定会找到答案的。”

放学后，孩子们和爸爸妈妈共同查阅资料。（图1）

第二天，孩子们主动谈论起“泡泡水”的话题……得知泡泡水不仅可以用洗手液，还可以用洗衣粉、洗洁精，但加入的水不能太多，要适量，这样才可以进行调配。

图1 亲子查阅资料

图2 用洗洁精调配泡泡水

于是，孩子们拿来了洗洁精、洗衣粉，调配泡泡水。（图2）

墨墨用手摁了两下洗洁精的泵头，涵涵在盆里加了一些水，扭过头问我们：“水够吗？”我们说：“你可以少加一些水，然后用泡泡圈试一试。”盆里出现了很多泡沫（图3），涵涵用泡泡圈搅拌了几下，然后轻轻一吹，一个小肥皂泡出现了！

图3 用手抓泡泡水里的泡沫

墨墨笑着说：“太好了！我们成功啦！”

教师的思考

当泡泡水快不够的时候，“制作泡泡水”成了幼儿探究的焦点。对于小班幼儿能联想到平时用洗手液产生泡泡，我们感到十分惊喜，于是鼓励他们大胆地去尝试。但鉴于小班幼儿的年龄特点及生活经验，他们并不清楚制作泡泡水时除了需要相应的材料，还要有一定的配比，因此，他们初次用洗手液制作泡泡水失败了。对此，我们并没有急于告诉他们问题的答案，而是发动家长，通过亲子共同查阅相关资料，引导幼儿去自主探索学习，初步了解了泡泡水的制作材料及步骤。再次游戏时，我们提供了洗衣粉、洗手液、洗洁精，当幼儿把握不准加水量时，我们引导幼儿少量多次地尝试，幼儿积极主动付诸实践，从中获得了制作泡泡水的经验，得到了成功。

观察二：寻找工具，发现“洞洞”里吹出泡泡啦

泡泡水成功制作，孩子们十分开心！

小言兴奋地说：“我们做的泡泡水太有趣了，真好玩！”

垚垚回应道：“是啊！我还用泡泡圈蘸洗衣粉泡泡水，吹出许多的泡泡呢！”其他孩子也被吸引过来，都想吹泡泡，可是泡泡圈不够了。

墨墨问："还有什么也可以吹出泡泡呀？"

孩子们去班级各个区域找来了纸碗、磁力片、插塑玩具、积木、放大镜、穿线塑料玩具、吸管、水果网兜、石头、树枝。这么多各式各样的玩具，哪个能吹出泡泡呢？（图4、图5）

图4 寻找吹泡材料

图5 找来的探索材料

墨墨说："垚垚，你看我，我的泡泡从这个三角形玩具洞洞里面出来了好多呀！"（图6）

垚垚称赞道："墨墨你好厉害！吹出这么多泡泡！"

涵涵看了看墨墨，低着头说："我用石头蘸泡泡水，没有吹出泡泡。"

墨墨发现了问题："你的石头上又没有洞，有洞的才能吹泡泡呢！你看泡泡圈上，就是有洞的，你要找有洞洞的。"

涵涵拿起磁力片，蘸了点泡泡水，噗地一吹，只见泡泡从磁力片中间吹出来了！涵涵跳了起来："哈哈，我也吹出泡泡啦！"（图7）

图6 吹泡工具的探究

图7 我也吹出泡泡啦

孩子们用带有洞洞的工具吹出了泡泡，没有洞洞的工具吹不出泡泡。实验过后，孩子们将成功与不成功的材料分开摆放，发现能吹出泡泡的工具上面都有洞洞。（图 8、图 9）

图8 能吹出泡泡的工具

图9 不能吹出泡泡的工具

教师的思考

当泡泡圈不够的时候，墨墨提出了“还有什么也可以吹出泡泡”的问题，探究吹泡工具的问题成了幼儿此次游戏的重点。幼儿纷纷去材料柜自主选择吹泡工具，并尝试运用各种工具进行吹泡泡活动，在探索的过程中知道吹泡工具的特性——有洞才可以吹出泡泡。虽然是小班年龄的幼儿，但他们也能够通过仔细观察，发现能吹出泡泡材料的明显特征，并将自己的想法与同伴分享。在幼儿的探索游戏中，教师时刻观察他们的游戏状态，记录他们的交流；在游戏后的分享环节，教师请他们说一说自己的发现，并帮助幼儿总结探索经验，建立事物间的联系，分享发现。游戏的深入开展不仅需要教师的观察、跟进、支持，还需要教师和幼儿共同投入。幼儿用不同的材料进行吹泡泡游戏，在带来游戏新体验的同时，更大地激发了他们的游戏兴趣，使他们沉浸在材料和泡泡水的互动中。

观察三：发现惊奇，拓展经验

户外散步的时候，小言发现了小树的树叶上有小洞，大声喊道：“你们快看呀！小虫子把这片小树叶咬了一个个洞！”（图 10）

图10 发现被小虫咬出小洞的树叶

墨墨问：“这个有洞的树叶能吹出泡泡吗？”

垚垚拿着这片有洞洞的树叶，说：“走，我们带回去试试就知道啦！”

小朋友们拿着树叶去吹泡泡，将吹泡泡游戏再次推向高潮。（图 11）

图11 用洞洞树叶吹出了泡泡

涵涵不禁感叹：“小虫子做的树叶吹泡工具真好用！”

墨墨应和道：“是啊是啊！”

垚垚有了新想法：“咦，有了！我想到一个好办法，我们可以自己做一个吹泡工具！”大家一致同意，来到美工材料架前寻找材料……

墨墨说：“我要用纸碗做吹泡工具。”

垚垚说：“我要用毛根棒做。”

小言拿着黏土，说：“我用这个做。”

涵涵捧着手工纸，说：“我要在纸上剪一个洞洞。”说完，孩子们就开始制作吹泡工具。（图 12）

图12 自制吹泡工具

小言用黏土搓成长条，做了两个圆圈，做出一个双头的吹泡工具。

墨墨将纸碗倒扣在桌面上，用剪刀戳了一个洞，再用手抠出了一个洞洞。

垚垚将毛根棒进行缠绕，绕出了一个小圈。

涵涵把手工纸竖着拿在手上，并用剪刀在手工纸的中间戳出了一个洞洞。同样的方法，她用纸做了两个吹泡工具。

吹泡工具完成啦！孩子们拿着自己制作的工具来到泡泡水前。垚垚的毛根棒泡泡圈和小言的超轻黏土泡泡圈成功地吹出了泡泡，而墨墨的纸碗和涵涵的剪纸泡泡圈却失败了。（图 13）

图13 用自制吹泡工具吹泡泡

教师的思考

一片有洞的树叶，引发幼儿的想象和思考，他们大胆尝试，并着手制作吹泡泡的工具。在制作工具的过程中，幼儿快速选择和改造材料，自主地投入游戏。幼儿在游戏中表现出的敢于探究尝试、乐于想象创造的品质使我们深受感动，开放性的材料为幼儿提供了以物代物的遐想空间，启发创造泡泡圈的灵感。在看到幼儿对自己制作的泡泡圈进行检验，有成功有失败的时候，我们及时开展一次圈谈活动，将他们制作的泡泡圈和吹泡游戏进行了对比和实验。幼儿发现泡泡圈的质地要有硬度、厚度，泡泡圈不能太大，否则不容易吹出泡泡。游戏和适宜的材料是幼儿最好的老师，推动幼儿主动去探索、去发现、去尝试。教师适宜的圈谈帮助幼儿感知材料的软硬、大小、厚薄等特性，将幼儿的主动学习推向更深的层次。

观察四：艺术创作，泡泡永存

孩子们在草地上开心地吹着泡泡，小言说：“我吹的泡泡飞到天上去了！”

墨墨说："我的泡泡一飞就炸了！"

涵涵也说："对对对！炸了就没有了！只能重新再吹了。"

小言叹了口气，说："这么漂亮的泡泡，好想把它们一直留住啊！我们可不可以把它们留下来呢？"怎么才能把泡泡留下来呢？

墨墨提议："老师，你把泡泡拍成照片，然后贴在墙上吧！"

小言说："我们可以把泡泡装在盒子里面。"

墨墨表示反对："装在盒子里还是会炸的。"

涵涵说："我们把泡泡画在纸上吧！"

孩子们拿来了绘画工具——吸管、瓶盖、塑料瓶、素描纸、各色颜料等，用自己喜欢的方式创作，五颜六色、大大小小的泡泡跃然纸上。（图14、图15）

图14 用"塑料瓶"制作泡泡

图15 用瓶盖按压、排笔涂画、吸管吹画泡泡

教师的思考

每个幼儿心里都有一颗美的种子。在此阶段，泡泡不仅是好玩的，也是美丽的，因此他们想留下这个美的事物。有的孩子请老师用相机拍下泡泡的图片，更多的孩子愿意用绘画的形式记录下这样的美好。在此过程中，孩子们用艺术创作表现了"泡泡"，他们有的拿瓶盖，有的拿塑料瓶，有的用吸管……用蘸、吹、按等方式去表现泡泡，各自绽放出独特的艺术效果。在整个创作过

程中，教师提供了便于他们取放的材料支持他们游戏，并以个别交流的方式帮助他们提高，比如：“你的泡泡五颜六色的，真好看！”“要是有大有小就更好了！”既尊重了幼儿的表现创造，又给予适当指导。

三、总结与反思

（一）抓住兴趣，开展游戏

教师抓住了幼儿在盥洗室喜欢用洗手液制作肥皂泡这一兴趣点，在科学区投放了吹泡泡的游戏材料，由此引发了一系列吹泡泡的游戏。在这一系列游戏活动中，幼儿能大胆尝试、自由探究、感知理解、经验迁移、艺术创作，在充分的探索与感知中，幼儿的兴趣得到激发。教师则以幼儿兴趣为载体，全方位地尊重幼儿的游戏自主权，时刻观察幼儿游戏的情况并提供适当支持，给予幼儿积极的探究体验。

（二）退后观察，关注品质

此次探究游戏，孩子一连串的游戏行为使我们认识到：我们要相信幼儿有主动探究的能力，我们要给予幼儿主动探究的机会，对幼儿探究的行为给予支持，鼓励幼儿交流自己的发现。

《3—6岁儿童学习与发展指南》中提出：“幼儿科学学习的核心是激发探究兴趣，体验探究过程，发展初步的探究能力。成人要善于发现和保护幼儿的好奇心，充分利用自然和实际生活机会，引导幼儿通过观察、比较、操作、实验等方法，学习发现问题、分析问题和解决问题；帮助幼儿不断积累经验，并运用于新的学习活动，形成受益终身的学习态度和能力。”

“玩泡之旅”游戏案例是围绕着多个问题去展开的。问题的提出，引发孩子们思考，层层推进游戏，促进孩子们的发展。幼儿在观察、思考、探究、判断、表达的过程中探索性学习、创造性学习、自主性学习，这便是教师对幼儿理性的爱与智慧的启迪。

（三）适宜指导，助推发展

在家长帮助幼儿查阅资料后，幼儿开始合作制作泡泡水，但涵涵不知道向盆内放多少水最合适。当她问我们时，我们没有直接去给她调好泡泡水，而是告诉她可以少加一些水，再试试看。于是，涵涵自主进行了泡泡水的制作，主动地去尝试，最终用泡泡水吹出了泡泡。

《3—6岁儿童学习与发展指南》建议教师："帮助幼儿回顾自己探究过程，讨论自己做了什么，怎么做的，结果与计划目标是否一致，分析一下原因以及下一步要怎样做等。"因此，在游戏阶段，教师没有介入幼儿的游戏，只是观察他们游戏时的状态，记录他们的交流。游戏后，教师与幼儿互动分享，请他们说说自己的发现，帮助幼儿总结探索经验，建立事物间的联系，支持他们用语言把自己的经验表述清楚。

当发现自制的吹泡工具不是都能吹出泡泡时，我们及时开展圈谈活动，将他们自制的泡泡圈与吹泡游戏配套的泡泡圈进行对比，启发幼儿再次观察，得知：泡泡圈的质地要有硬度、厚度，泡泡圈不能太大。

在"艺术创作，泡泡永存"游戏阶段，我们与幼儿进行了个别交流，鼓励幼儿用不同大小的圆圈去表现泡泡。（表1）

表1 幼儿在不同游戏阶段的问题、解决的方法和教师的支持

游戏阶段	幼儿的问题	解决的方法	教师的支持
寻找材料，制作泡泡水	用什么做泡泡水	1. 亲子查阅相关资料，了解泡泡水的制作方法；2. 第二天来园继续进行泡泡水的制作	1. 利用家长资源，发动家长与幼儿共同查阅泡泡水的制作方法；2. 提供制作泡泡水的材料：洗衣粉、洗手液、洗洁精

（续表）

游戏阶段	幼儿的问题	解决的方法	教师的支持
寻找工具，发现“洞洞”里吹出泡泡啦	哪些工具可以吹出泡泡	1. 自主选择材料，去进行尝试；2. 将能吹出泡泡的工具与不能吹出泡泡的工具进行分类	1. 提供丰富的材料，供幼儿自主选择；2. 分享环节，请幼儿说说自己的发现，帮助幼儿总结探索的经验
发现惊奇，拓展经验	1. 被小虫子咬了洞洞的树叶，可不可以吹出泡泡；2. 迁移经验——是否可以借鉴有洞的树叶自己制作吹泡工具	1. 用被小虫咬过的树叶进行吹泡泡游戏；2. 自主选择材料，制作玩泡工具，并使用自制的玩泡工具进行吹泡泡游戏	1. 提供丰富的材料，供幼儿自主选择；2. 发现自制的泡泡圈并不是都能吹出泡泡，教师及时开展圈谈活动，将他们制作的泡泡圈与吹泡游戏配套的泡泡圈进行对比
艺术创作，泡泡永存	如何把泡泡留存下来	自选美工材料进行制作，使泡泡永存	1. 提供丰富的美工材料，供幼儿自主选择；2. 与幼儿进行个别交流，鼓励幼儿用不同大小的圆圈去表现泡泡

测量的故事

任莹、冯德菲

年龄段：大班

一、背景与来源

10 月伊始，我们在自然角中投放了育种盘，幼儿通过观察小麦和豌豆种子的发芽实验，满足了对“芽”的兴趣及探索需求。渐渐地，芽变成了苗。看着小苗一天天生长，孩子们迫切想要知道小苗长多高了，自然而然产生了测量的需求。由此，测量的故事便应运而生了。

二、观察与思考

观察一：我来量量小苗有多高

育种盘上的小麦种子，生长速度越来越快，白白胖胖的小“麦芽”，变成了细长的绿色麦苗。孩子们注意到了麦芽的颜色变化，而由芽到苗的长度变化更是引起了幼儿的持续关注。柚柚小朋友是个热心的观察者。这天他兴奋地叫起来：“呀，麦苗长高了，比我的手指长了，手指都不够量了！”几天前他用手指比画过麦苗的长度。

“手指不够长怎么办？”我问他。“老师，你们的手指长，能帮我量一下吗？”我们把手指放到那株麦苗旁，结果手指也短一截。

“哎呀，它太高了。”柚柚嘀咕着。我们问他：“那用什么才够量呢？”

柚柚转身看了看周围：“啊，有了，我昨天在美工区做手工用的筷子挺长的。”说完便跑到美工区拿来一根筷子，一试，果然可以。柚柚开心地看着我们：“老师，看，小麦都长到这里了。”

“是啊，长这么高了。柚柚，那怎么记住麦苗长到这里呢？”柚柚很自信地指着筷子：“就是这儿，我记得住。”

“可是其他小朋友不知道啊，怎么样才能让其他人也知道小麦长到筷子的这个位置呢？”

“啊，我知道了，我做个标记，别人就知道啦。”柚柚拿起笔在小麦叶尖碰到筷子的位置画了一道线。（图 1）

晨间谈话时，柚柚和全班的小朋友分享了自己的发现：“小麦长高了，原来只有我的手指这么长，现在到筷子的这里了。”柚柚指着筷子画线的地方说道。柚柚的分享使得大家对于麦苗和豌豆苗的长度更加关注了，孩子们的观察记录也从记录外形到记录（标记）长度。（图 2、图 3）

图1 用筷子标记麦苗的长度

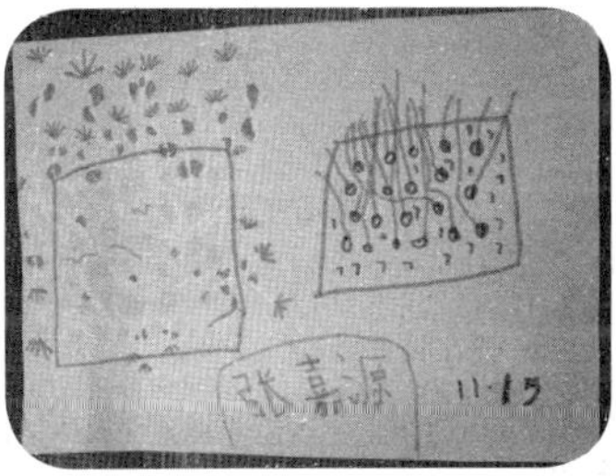

图2 幼儿记录植物生长变化

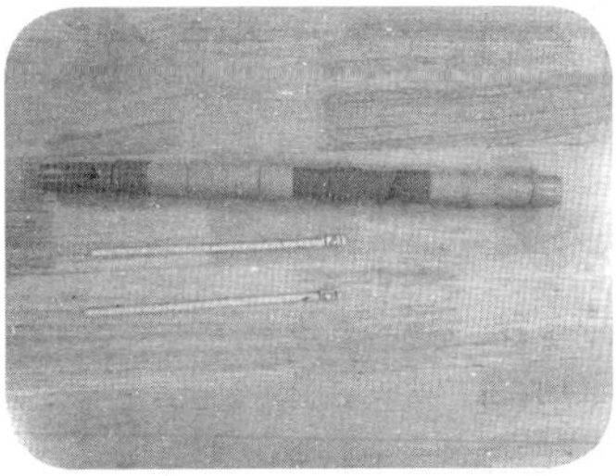

图3 幼儿在非标准测量工具上标记长度

麦苗和豌豆苗随着时间不断长高，新的问题又出现了。太阳、音璇、年糕三位小朋友，发现豌豆苗的高度已经高出了筷子的长度。“筷子不够量了。”音璇说道，“咱们得找比筷子长的东西，有了！”说话间他们回到玩具桌前，用水管拼塑拼了一根长长的水管。“这下够了，这个还可以加长。”太阳小朋友拿着自制的水管“尺子”，用笔在豌豆苗的高度位置画了一条线，还把日期写在了上面。（图4）

图4 寻找新材料测量

教师的思考

这一阶段是非标准测量活动的萌芽。随着豌豆苗和小麦苗越长越高，幼儿在观察与思考中开始有了测量概念的萌芽，如幼儿开始用手指去量高度，用筷子做标记来看麦苗是否长高，用玩具去标记豌豆苗的高度变化，等等。孩子们使用各种材料进行测量与标记，这也是他们进行非标准测量的过程。此时的幼儿更专注于用什么材料来表示苗的长度变化，而很少用数的概念来对比苗的长度的不同。

观察二：我会用“一寸虫”来测量啦

为了更好地满足幼儿测量的需求，为幼儿提供适宜的经验支持，我们尝试在班级阅读区投放了《一寸虫》《树叶尺子》《小矮人的南瓜》等与测量有关的绘本故事。在区域游戏时间，很快有幼儿发现了这些绘本。孩子们对绘本《一寸虫》爱不释手，故事中的有趣情节深深吸引着他们。围绕着一寸虫如何测量知更鸟尾巴的长度，孩子们展开了积极的讨论。

尹千说：“一寸虫是用自己的身体测量知更鸟尾巴的。”

太阳补充道："它的一步是它身体的长度，看，从脚到头又从脚到头……"

威威说："我们如果也有几只一寸虫，那该多好，这样就能测量很多东西了。"

看来，通过绘本《一寸虫》，幼儿已经初步了解了首尾相接的测量方法。于是，我们和孩子们一起用毛根棒制作了"一寸虫"学具，帮助幼儿进一步理解故事中使用的首尾相接的测量方法，掌握首尾相接测量的技巧。孩子们用自制的"一寸虫"测量了麦苗和豌豆苗的长度，在动手操作中获得了有益的测量经验。（图5、图6）

图5 《一寸虫》绘本活动

图6 用"一寸虫"测量麦苗和豌豆苗

第二天，小朋友们对于用"一寸虫"进行测量活动的兴致不减。区域游戏时间，在建构区活动的几名幼儿在拼塑玩具筐前仍在讨论"一寸虫"。汐汐端着一筐圆帽状的拼塑开心地叫道："快看，好多一寸虫，这个可以用来量麦苗。"旁边的贝贝挥着手上的玩具："我这也是一寸虫，是不同形状的一寸虫，也可以量。"

图7 自主探索非标准单位测量

孩子们开心地说笑着。

在测量完一棵麦苗和一棵豌豆苗后，孩子们开始用寻找到的“一寸虫”量柜子的高度，量自己腿的长度，量同伴和自己的身高。（图7）他们在整个区域活动时间都十分专注地测量建构区内看到的东西，不一会儿，他们的测量结果就填满了好几张表格。

教师的思考

这一阶段是“非标准测量”向“非标准单位测量”的过渡阶段。通过绘本《一寸虫》引发的活动，幼儿加深了对测量概念的理解，为后续的测量活动由“非标准测量”向“非标准单位测量”的发展奠定了基础。为了满足他们的探索欲望，我们开展了“量一量”的游戏活动。幼儿自由分组，自主选择材料，自由测量班里任何一件想测量的东西，通过实际操作和材料进行互动，获得测量的直接体验。奇怪的是，孩子们热衷于测量的全是“大”东西：门的高度、钢琴的宽度、床的长度、主题墙的宽度、玩具柜的高度，甚至是整个建构区的长度……教室里的大部件都被测量出了结果。（图8、图9）他们的“一寸虫”很小，测量的物件很大，但是孩子们在测量过程中表现出的合作、专注与解决问题的能力，让人不得不赞叹儿童的潜力与创造力。

图8 幼儿分组进行非标准单位测量活动

图9 幼儿的测量记录

测量游戏的开展，让我们看到了幼

儿测量概念的进一步发展。幼儿开始使用“非标准单位测量”的方法测量和记录豌豆苗和小麦苗的生长与变化，也由一边用手势比画一边用抽象的语言讲述“麦苗有这么高”发展到“今天的麦苗有 5 个雪花片那么高”的具体语言描述。孩子们的经验就是在探索与操作中不断地积累和发展起来的。

观察三：量量墙面有多宽

最近孩子们在用玩具测量墙面时有了新的困惑：为什么每个人数的都不一样？那么多的玩具怎么数才又快又准呢？他们记录下了自己的疑惑，还把没数清的玩具留在了墙上。（图 10、图 11）

图10 没数清的玩具

图11 记录测量中遇到的新问题

问题再一次引发了孩子们的讨论：那么多玩具一个一个数太难了，也耗时间，那该怎么数玩具呢？

孩子们发表自己的想法，其中一名幼儿想到奶奶在家里数鸡蛋的时候是 2 个 2 个，或者 5 个 5 个来数的。

威威小朋友说：“我妈妈和我玩过一个数绵羊的游戏，我们就是 2 个 2 个数的，还可以 4 个 4 个数……”

孩子们的问题和讨论我们都看在眼里，在观察幼儿点数活动时，我们发现部分幼儿对于按群点数还存在一定的困难。于是，第二天，益智区里悄悄地多了这样几种游戏材料：数字跳棋、纸杯叠叠乐……

这些游戏材料为幼儿点数经验的积累和点数能力的提升提供了支架。孩子们在区域游戏时进行了尝试。（图12）他们经过多次摸索，不断总结经验，最终找到了点数超过100的玩具数量的方法，并将此经验迁移到测量游戏中，不仅掌握了以数群为单位进行计数的方法，而且提高了自主解决问题的能力。

图12 巩固按群点数的技巧

教师的思考

这一阶段是典型的非标准单位测量活动，按群点数的经验促进了幼儿的非标准单位测量活动的不断深入。幼儿在探究豌豆苗和小麦苗生长的过程中，测量概念开始萌芽、发展，从开始用手指、筷子、可累加的拼塑等材料进行对比、标记的非标准测量，到用相同大小的拼塑单元进行非标准单位测量，发展的不仅是幼儿对测量活动的经验，还有他们对测量活动越来越高的需求。

在幼儿的测量活动从非标准测量向非标准单位测量发展时，非标准单位测量可量化、可累加的特点就决定了，只要幼儿想要用小小的拼塑这样的非标准单元去测量较大物体的长度，点数较大数量的单元就是必然会遇到的问题，也是需要解决的问题。比如孩子会说:“我们的墙有93个雪花片那么高。”这样的描述别人会懂吗？答案是否定的，因为非标准单位测量虽然也具备量化与累加的特点，但是却缺少“通用”的重要特性，而这一特性却是标准单位测量的核心意义所在。

引导幼儿发现问题、主动探索解决问题，就是深度学习的过程，我们要做的就是尊重幼儿的兴趣与需要，给予幼儿探索与尝试的权利，鼓励幼儿进行深入探究。

观察四：用尺来测量吧

今天的晨圈活动中，孩子们依旧延续了前几天的兴趣点，围绕着测量的话题进行了交流。

文文说：“昨天晚上奶奶说我和弟弟好像长高了，爸爸拿来了一把卷尺给我们量身高了呢。那个卷尺上面有很多的小格子，还有数字。”

小宝说：“我也见过尺子，不过不是可以卷的，是姐姐做作业用的尺子，也有小格子和数字呢。”

帅帅也说：“我奶奶上次说要给我买新裤子，她用了一个长长软软的尺量了我的腿有多长。”

图13 测量记录中出现了标准测量工具

在随后的探索中，幼儿分别收集了各种各样的尺子，开始尝试用尺子测量豌豆苗，测量小桌子和小椅子，测量他们想要测量的一切物品，并做好记录，这说明幼儿的测量体验开始出现标准单位测量概念的萌芽。（图 13）

随后的一段时间，我们发现活动室主题墙旁边的身高测量表引起了很多孩了的关注。孩子们总在经过身高测量尺时用手比画自己有多高，同伴有多高。于是，追随着孩子的兴趣和需要，我们围绕着身高测量表，为幼儿提供了记录表、笔、记录板等，支持幼儿开展比高矮的游戏活动。身高测量尺上的刻度引发了幼儿的讨论：“怎么这个尺子有好多小格子呢？”“我发现不管是大尺子，还是小尺子，他们的小格子都一样宽呢！”“我知道，那是刻度，爸爸说每一个小格子就是 1 厘米。”“可是 1 厘米到底是什么意思呢？”抽象的 1 厘米似乎很难让孩子们理解。为了进一步为幼儿提供支持，帮助幼儿直观地理解抽象概念“厘米”，我们在身高测量尺上特意标示了 1 厘米的长度，在游戏记录表上也按 1∶1 的比例标示出 1 厘米，让幼儿在班级进行标准测量游戏时所接触到的关于“厘米”的概念都是直观的长度 1 厘米。（图 14）

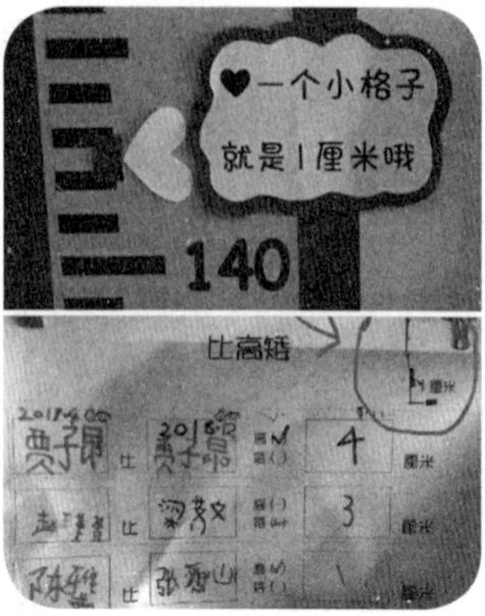

图14 变抽象概念为直观体验

久而久之，厘米这个抽象的概念就被幼儿所理解和接受了，现在如果你问孩子们“什么是厘米”，他们会伸出手指比画“这么长就是 1 厘米”，这也为之后的向日葵课程中的标准测量活动奠定了良好的基础。

教师的思考

这一阶段我们看到的是孩子们标准单位测量活动的发生。尺子的标准化单位与外形，相比较大小一样的拼塑单元要抽象得多，对于抽象概念“厘米”，大班幼儿理解起来还是有一定难度的，但是标准单位测量工具的使用为幼儿的深度学习提供了可能性。如何让幼儿更好地理解标准测量中的抽象概念呢？可否用更直观的方式让抽象的“厘米”具象一些，更容易理解一些？在从身高测量尺的游戏中获得灵感后，我们直观标示的“厘米”为幼儿的标准测量游戏提供了经验支持，使得幼儿对尺的认识更加深刻了，慢慢地，“厘米”这个抽象概念也为幼儿所理解和接受了。

幼儿的测量游戏是关于如何发现问题、解决问题的游戏，幼儿在摸索、尝试、验证的过程中获得经验积累与解决问题的能力，这才是最重要的意义。我们的游戏活动并未结束，孩子们的新问题和探究活动仍在继续。在探索和了解儿童的路上，我们会继续追随幼儿、尊重幼儿，为幼儿提供更加多样的材料与机会，让他们在与多种游戏材料的互动中获得多元化的体验与经验的提升，使得他们在属于自己的游戏中享受自主与愉悦。

三、总结与反思

这是我们班关于“芽”的持续性探究系列活动中，幼儿自主探索与观察时生成的游戏活动。在探索芽的过程中幼儿观察到了芽到苗的长度变化，引发了想去量一量麦苗长度的学习动机。整个测量游戏见证了幼儿测量概念的发展，同时，在不断观察、分析与反思的过程中，我们也学会了读懂幼儿的游戏，更学会了如何为幼儿提供适宜的支持，如何做幼儿背后智慧的观察者与支持者。（表1）

表1 观察、分析、反思与支架

日期	观察发现	支持回应	活动生成
11月19日	幼儿持续关注麦苗的长度变化，不断用手指比测麦苗的长度，柚柚发现“手指不够量了”	幼儿持续关注麦苗长度变化，萌发了非标准测量的需求； 材料支持：非标准测量工具（具有一定长度的线、筷子、树枝、玩具等）	谈话活动“手指不够量了怎么办”
11月21日	幼儿在用筷子标记豌豆苗时，筷子不够量了，太阳和音璇找来可以不断加长的水管拼塑，但在如何测量的问题上发生争论	给幼儿试错的机会，发挥同伴间互相学习的作用，探索、了解非标准测量的方法（找到测量的起点与终点）	团讨活动“怎样量才更准”
11月28日	幼儿不断加长拼塑玩具，标记麦苗和豌豆苗的长度，个别幼儿开始关注距离标记处有几个拼塑单元	等长的拼塑玩具的使用及点数说明幼儿的非标准单位测量需求开始萌芽，应当提供进一步的经验支持（按群点数）	《一寸虫》绘本活动

（续表）

日期	观察发现	支持回应	活动生成
11月29日	幼儿开始使用各种长度单元代替“一寸虫”学具测量植物角内其他植物，个别幼儿测量自己的脚长、身高	幼儿对测量活动兴趣浓厚，测量经验开始迁移，给足幼儿时间和空间的自由，满足测量的兴趣	数学活动“测一测量一量”；区域活动“测量小达人”
12月13日	一组幼儿对用拼塑玩具测量班级墙面的宽度十分感兴趣，并连续多天尝试，无法得出结果，因为组内每个人点数的结果各有不同	墙面较宽，拼塑单元太小，当测量墙面的拼塑单元数量超过100时，幼儿点数经验不足（速度慢、准确率不高），部分幼儿需要提升点数经验	数学活动“数一数”；区域活动“数字跳棋”“叠叠乐”

（一）敏锐捕捉到兴趣与问题

热心的观察者柚柚被麦芽到麦苗的动态变化吸引着，并持续关注。他通过手指丈量发现麦苗长高了，同时也发现手指已经不够量了，此时，我通过提问“那用什么才够量”激发了幼儿进一步游戏的愿望。柚柚开始寻找比手指长的工具进行麦苗长度的标记（非标准测量）。接下来的游戏我们并没有过多地参与与介入，而是给予幼儿充足的时间与自由，让幼儿的测量概念在自主探索中自然发展，我们则是默默地观察与倾听，抓住契机提供幼儿需要的支持，引发深度探索。

（二）给予有效的支持与回应

在测量游戏的探索中，我们充分尊重和保护幼儿的好奇心和兴趣，尊重幼儿的学习方式与特点，最大限度地支持和满足幼儿通过直接感知、实际操作和亲身体验获得经验的需要。在幼儿积极寻找可以不断加长的测量工具时，观察和倾听幼儿，并跟随幼儿的兴趣及当前的需要，提供适宜的支架。

1. 材料支持

我们为幼儿提供充分的操作材料，让幼儿在与材料的互动中有效地建构知识。如：在班级的资源区提供筷子、绳子、拼塑玩具等多种材料，让幼儿可以根据需要自由选择测量工具。

2. 经验支持

一方面，我们帮助幼儿在探究中掌握观察与记录的方法，引领幼儿用比较、标记的方式去发现“苗”的长度变化，而这种经验对幼儿持续探究的测量活动是非常重要的。另一方面，在幼儿的测量游戏出现非标准单位测量的需求时，我们通过绘本《一寸虫》的阅读和实践活动，帮助幼儿积累非标准单位测量的经验；在幼儿的标准测量游戏出现“抽象概念”的理解难题时，通过身高测量尺将抽象的概念直观化，为幼儿测量概念的发展提供经验支持。

3. 环境支持

随着测量游戏的发展，测量“苗”的长度已经不足以满足幼儿的测量需求，班级环境中的一切物品，如门、空调、床、钢琴等都可以是很好的测量对象，我们则尽可能地调整环境，将空间的自由完全还给孩子，以满足幼儿测量游戏的需要，同时保障游戏的安全。另外，我们还通过在身高测量尺上增加“1 厘米”标识，在“量一量”的记录表上标识“1 厘米”的直观长度，让抽象的概念变成环境中直观的体验，帮助幼儿更好地理解标准测量。

陶行知先生说过：“行动生困难，困难生疑问，疑问生假设，假设生试验，试验生断语，断语又生了行动，如此演进于无穷。”陶先生的这段话正是测量游戏活动最好的诠释。幼儿通过自己的眼睛、自己的双手、自己的嘴巴、自己的头脑去探索和表征自己的发现，我们可以感受到幼儿通过与材料的互动所获得的有关测量经验的真实感受是享受的、喜悦的、惊奇的，更是印象深刻的。幼儿在探究活动中表现出来的积极主动、认真专注、敢于探究与尝试、乐于想象等良好的学习品质，对于幼儿的学习与发展是非常宝贵的。

趣探地下王国

成雪琼、赵雯
年龄段：大班

一、背景与来源

午后散步路过操场，幼儿发现地面有许多圆形盖子，便趴在地上，围绕着窨井盖开始了讨论，部分孩子对盖子的形状以及洞洞产生了一系列疑问，剩下的人都比较关心盖子下面到底藏了些什么。由此，“窨井盖”突然成了孩子们热议的话题。

于是，我们引导幼儿对兴趣点“窨井盖”进行初探，再逐渐深入到对下水道的秘密进行探究，直至设计出拥有“雨污分流”技术的下水道模型。在建构“下水道”时，引导幼儿通过记录实际位置、绘制图纸，再到选择合适的材料，并在建构过程中发现不足，找到方法去完善，以此促进幼儿的深度学习。

二、观察与思考

观察一：初探窨井盖

幼儿在散步的时候发现地上有一些洞，还有一些盖子，就七嘴八舌地谈论了起来。多多问："为什么窨井盖是圆形的？"豆豆也问道："窨井盖下面有什么？"东东一脸好奇："窨井盖上的洞洞有什么用？"……

幼儿顺势大胆地提出了相应的猜想。苗苗说："洞洞可以收集雨水吧。"果果说："我觉得盖子下面有很多水，还可能有一些管子什么的。"大白说："我觉得窨井盖下面还可能很深很深，深到我们看不见。"见幼儿聊得热火朝天，我们就干脆让幼儿围成一个圆圈，坐下来慢慢分享自己的发现。（图 1）

图1 圆圈时间

讨论结束后，根据幼儿提出的问题，我们进行了课程审议，将问题进行有效筛选，挑选出幼儿感兴趣且具有探究价值的问题供幼儿进行探索。

教师的思考

当幼儿提出这一系列问题时，我们感到很惊喜，我们看见了孩子的兴趣所在，他们对此充满了好奇心。在那段时间里，我们并没有打断他们，而是听他们把自己的发现和问题通通说完。孩子的世界和成人的世界是完全不同的，所以他们看到的问题也是特别的。在审议后，我们尊重孩子的兴趣，提炼出有研究价值的问题，决定进一步支持孩子的探究活动，让孩子带我们发现关于下水道的更多秘密。

观察二：探究洞洞的用处

在街道上，幼儿发现洞洞有小小的圆形洞，还有长条形的多个洞洞。在下雨天他们又发现：大部分雨水都会流进路边的长条洞洞里，路面不会积水。幼儿发现几乎所有的盖子上都有洞洞，对此不少幼儿提出了自己的疑惑。我们为了满足幼儿的需求，提供了一定的支持：制作了井盖模拟实验盒，分别有圆形、方形和三角形的盖子。幼儿在科学区里发现用手打开窨井盖很难，于是在美工区找来了筷子（图2），用一根筷子插进洞洞里，把盖子撬起来。大白惊喜地说："老师，我知道盖子上的洞洞除了让水流进去还有什么用了——可以方便维修人员打开盖子！你看我一撬就撬开了！"

图2 找到工具

教师的思考

在我们的生活中，窨井盖随处可见，可是也许我们并不会在意它的形状是什么样的，以及为什么是这样的……正是孩子的发现和好奇心驱使着我们去思考这样的问题，我们和孩子在共同学习。幼儿通过实际操作和亲身体验来获得新的经验会比老师直接告诉他们答案更有意义。所以，我们制作了一个简易的模拟实验，供幼儿探索发现，支持他们的活动。

观察三：窨井盖形状大揭秘

幼儿在撬盖子的过程中，将每个形状的盖子都进行了尝试，并做了实验记录。（图3、图4）小苹果发现圆形和三角形无论怎么转也不会掉下去。大白试了一下方形的，一不小心盖子掉了下去。小苹果说："窨井盖很重，圆形盖子可以像轮子一样滚，不用搬，三角形盖子有尖尖的角会撞到，所以还是圆形的窨井盖最好。”孩子们纷纷表示赞同。

图3 幼儿进行实验

图4 小苹果在记录

教师的思考

幼儿是学习的主体，教师是引导者、支持者、合作者、观察者。在组织活动的过程中，教师还应是整个课程或项目的推进者，所以我们设计了这个小实验供幼儿进行操作探究并进行相应的记录。幼儿在实验的过程中，感知不同形状的盖子之间的差异以及适用性，不仅习得了新的知识经验，还锻炼了各方面的能力，例如语言表达能力、人际交往能力、科学探索能力……

观察四：寻找管道

幼儿解决了关于窨井盖的形状问题，又有孩子提出新问题：“窨井盖下藏着什么呢？”于是孩子们开始探究窨井盖下的“秘密”……大白说：“下面应该很深吧，水可以通到其他地方，所以我觉得是管道。”多多说：“那我们只要找到和地下管道相连的地面上的管道，就能知道窨井盖下面到底是不是管道了。”于是，幼儿开始寻找管道。天天说：“我们可以分小组行动，这样比较快。”于是就进行了举手表决，简单分了组。

1. 记录分享：生活中的管道

幼儿分为三组，分别寻找和记录教室外、教室内、家里的管道。第一小组在小组长的带领下前往操场和菜园，在幼儿园的外墙壁上寻找管道。（图5）第二组在班级内寻找管道，苗苗说：“厕所需要水，所以厕所肯定有很多管道。”于是幼儿前往厕所，一边找一边画。剩下的幼儿在家里寻找管道。最后大家在班级内进行分享。（图6）

图5 幼儿在户外进行记录

图6 幼儿在班级内进行分享

2. 科学探究：虹吸实验

久久说：“我发现家里的下水管都有一段是弯弯的，这是为什么呀？”可乐说：“我家的也是，爸爸说可以防止小虫子爬上来。”多多说：“真的吗？是怎么弯的呀？”久久说：“我知道。”说完从科学区取来了一截软管，模拟下水管道的样子。此时，我们也提供了相应的支持，按照图片调整管道形状，供幼儿进行虹吸实验。（图7）

图7 “虹吸现象”的实验

3. 阅读了解：下水道历险记

幼儿见到水向下水管道流去，又产生了新的疑问：污水通过管道流到哪里去了呢？幼儿再次进行了猜想。绘本是幼儿学习的重要资源，我们根据孩子们的兴趣在阅读区投放的《下水道历险记》一书，再次引发幼儿的讨论。（图8）欣欣说：“原来每个出水口通过管子连接都

图8 《下水道历险记》阅读

是相通的，污水会通过化粪池流进污水处理厂，而雨水会通过雨水管道流进附近的小河里。”

4. 美工制作：设计管道

幼儿在阅读绘本后，想要在画纸上展现出房子下的下水管道，于是开始了绘画活动“我设计的管道”，把一楼到五楼的管道连在一根管道上，再通向地下。

教师的思考

在这一系列活动中，我们可以看到幼儿不断发现问题，聚焦问题，解决问题。他们与同伴协商，不断尝试，促进了幼儿问题解决能力和动手能力的发展。幼儿对下水管道的形状很感兴趣，于是教师鼓励幼儿大胆猜测管道设计成这样的意图。对于幼儿来说，探究的过程远比结果或是理解科学现象更为重要，所以教师提供了支持，幼儿亲自动手探究，感知“虹吸现象”的原理。在这一环节，考虑到幼儿发展的个体差异性，为尊重幼儿的兴趣，保护幼儿的好奇心，教师并未做过多的解释与科普，而是放手让幼儿进行实验、观察。

观察五：管道工程师

幼儿看着自己设计出的管道，又有了新的想法。天天说：“老师，我们想搭一个下水管道可以吗？”他们想把神秘的下水道展现出来，因此，“管道工程师”的建构开始了。

1. 幼儿分析

要完成这个任务，需要做好哪些准备？梓澄提出：“应该先有个图纸吧？我看我爸爸经常在家画图的。”大白迫不及待地说道：“还要买材料，要不然没东西搭。”多多说：“剪刀、胶布什么的肯定要的。”幼儿七嘴八舌地讨论着，最后一致决定先在幼儿园内进行观察。

2. 观察记录

幼儿前往各个地点记录班级卫生间的下水口、操场的窨井盖、小菜地化粪池的出水口分布及化粪池位置，并进行分享、交流。（图9、图10）

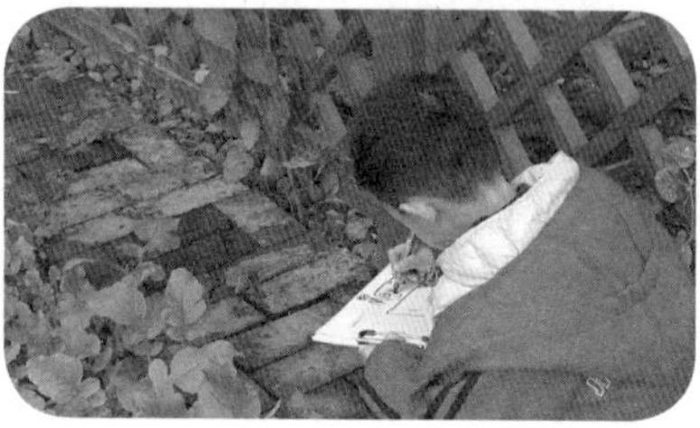

图9 幼儿寻找、记录

图10 幼儿分享、交流

3. 选择材料

幼儿寻找可以当作地面的材料，最终在塑料、木板和纸箱中选择了纸箱，认为纸箱硬度适中，方便绘画、戳洞和切割。随后，幼儿走进五金店，挑选适合的管子。幼儿选择了建构区中常用的PVC（聚氯乙烯）管，又购置了不同的弯头，用来连接管道。管子太长拿不了，幼儿经过测量，请老师帮忙进行切割。（图11）

图11 切割PVC管

4. 调整优化

幼儿在以往建构区游戏活动的基础上，进行了经验迁移，由此有了建构前先绘画图纸的经验，这也为项目顺利开展奠定了基础。五个小伙伴在不断的观察、讨论中，对图纸进行修改，最终确定了项目图纸，并在纸箱上标注了“雨水井”“污水井”“化粪池”，以及

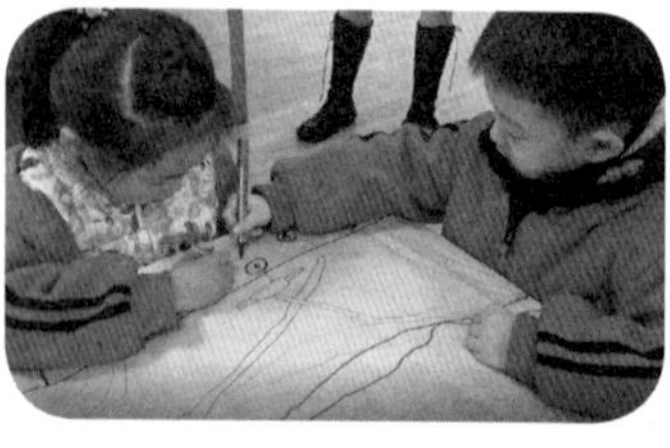

图12 绘制图纸

班级出水口的位置。（图 12）

5. 操作搭建：雨污分流

在课程的不断深入中，幼儿的兴趣不仅得到了教师的支持，家长资源的利用也使得“管道工程师”更加专业化。幼儿用黄色和绿色的胶带，为“雨水管”和“污水管”做好标记，开始了“雨污分流”工程的正式搭建。在搭建过程中，幼儿遇到了各种各样的困难，例如：管道总是容易断开怎么办？小伙伴立刻递来了防水胶带。搭建的管道好像和设计图纸上的不一样？没关系，再研究一下图纸上的管道走向。这根好像太长了，还是换一根吧……（图 13）幼儿在操作的过程中进行了一次又一次的调整，最后终于成功了。（图 14）

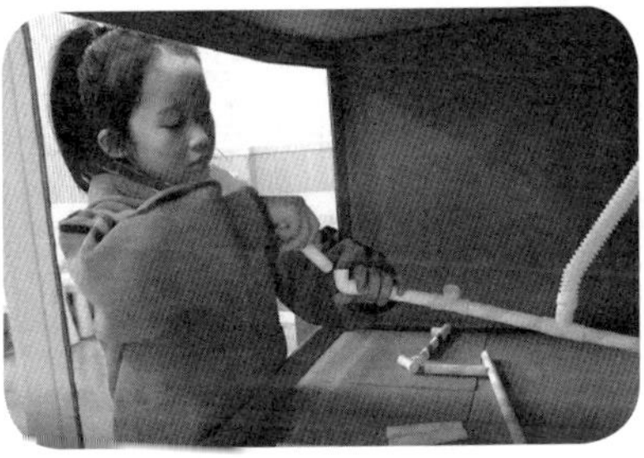

图13 幼儿拼接管道

图14 搭建完成

教师的思考

在搭建“雨污分流”下水管道之前，孩子们做了大量的准备工作，每一个环节都涉及沟通交流。除此之外，孩子们在讨论中敲定了设计图纸，最后再将平面图以立体的方式呈现出来，整个过程都充满了挑战性。最重要的不是结果，而是在这个过程中，孩子们全身心地投入，解决一个又一个问题……

三、总结与反思

（一）注重幼儿学习的综合性

教师应是整个活动的推进者，这样才能引导幼儿更好地把游戏活动开展下去。我们在观察幼儿进行“雨污分流”的操作搭建时，看到了幼儿整体的活动，并综合地去评价。我们更应该关注幼儿学习的综合性，如幼儿在学习中如何做计划，在探索操作中如何发现问题，提出解决方案，会使用哪些工具，最后会不会梳理自己的经验，等等。

（二）关注幼儿学习的创新性

想象力比知识更重要。在设计“雨污分流”下水管道方案时，我们和幼儿一起开展头脑风暴，培养幼儿的创新性思维。在问题提出后，让幼儿先罗列出尽可能多的解决方案，再进行综合分析，在保证科学性和安全性的基础上，追求简便、实用、高效的最佳设计方案。且在分析、评价和改进过程中，引导幼儿自然地想出更好的建议，使幼儿的大脑处于活跃状态，产生许多奇思妙想，并能不断创新地完善设计方案。

（三）重视幼儿学习的实践性

以往我们在评价时总是关注幼儿最后呈现出的作品是否精美，而很少关注幼儿在活动中的思维发展。幼儿在活动前是如何理清思路、制订计划的，他们的想法是如何跃然纸上的，按图纸去操作的过程中遇到问题又是如何去思考、如何修改设计图的……这一循环往复的过程能让我们比较直观地看到幼儿思维的发展。对幼儿的自我评价与同伴互评，我们将关注点放在是否按照设计图纸去操作，遇到问题是如何解决的，这样幼儿可以反思自己的工作，评价自己的进步。

花样跷跷板诞生记

张扬

年龄段：大班

一、背景与来源

混龄游戏时间，大一班选择户外游戏的孩子结伴下楼，直奔后操场的跷跷板处。“唉！又来迟了！”只见朗朗沮丧地说。“就算早点来，也要等，总得让小班的弟弟妹妹们先玩吧！”齐齐也有点失落。“是呀，幼儿园就这一个跷跷板！”（图 1）彤彤也附和着。钧一说：“那不如我们自己找材料，做一个跷跷板怎么样？”周围的小伙伴都觉得这个主意不错。于是，一场自制跷跷板的探究之旅拉开了帷幕……

图1 幼儿园内唯一的跷跷板

二、观察与思考

观察一：尝试自制，跷跷板原理的初探

孩子们商量着可以用哪些材料。朗朗说：“做跷跷板肯定要有一个长板！”等等说：“攀爬架上的平衡板就可以啊！”几人使了好大的力气，将平衡板从攀爬架上挪下来，搬到操场上。（图2）“光有板可不行，跷跷板中间有一个支撑的东西，才能翘起来！”彤彤说。“那叫支点，支点支撑住板子，就可以两头翘了！”昊昊回应彤彤。等等又追问：“那什么材料可以当支点呢？”“小一点，还要硬一点，不然板子压上去肯定会坏！”“我觉得可以用积木试试！”“轮胎也很硬啊！”大家七嘴八舌地发表意见。

图2 合力搬来平衡板

亦钦顺手从旁边拿起一块弧形积木，放置在平板下方的中间部位，然后双脚分开站在板上，左右脚轮流踩踏将平衡板翘起，玩得不亦乐乎：“你们看，这样像不像！”（图3）

图3 单人跷跷板

教师的思考

幼儿决定自制跷跷板的想法，源于两点：一是幼儿园仅有一个跷跷板，对于众多爱玩的孩子来说显然不够。二是混龄游戏中，大让小的情况很多，久而久之，就形成了被动等待的现象。大班幼儿想象力较为丰富，也具有一定的创造性，对于挑战性的游戏更为热衷。所以，当钧一提出与其等待，不如自制跷跷板时，得到了伙伴们的一致支持。在尝试制作之前，孩子们有针对性地进

行了讨论。他们虽未能理论性地解释杠杆原理，却能根据自己的已有经验，让跷跷板翘起的奥妙逐渐露出水面，以此来寻求适宜制作的材料。游戏的整个启动过程，完全是幼儿在生活中遇到实际困惑而引发的。他们在彼此交流、碰撞与动手尝试中，逐渐深入探究跷跷板的原理。

观察二：实际操作，支点问题的思考

“亦钦，我们一人一头，试试看！”钧一迫不及待地加入了。“这也太矮了！膝盖总是碰到地面！”“我腿一直弯着，很难受。”（图4）“矮了没劲，那就高点儿呗！”我顺口补了一句。在一旁的等等说：“是啊，把中间矮的积木换成一个高的肯定刺激！”

图4 矮积木为支点的跷跷板

图5 轮胎为支点的跷跷板

等等和朗朗滚来了一个轮胎，搬起平衡板架在轮胎上：“你们看这个轮胎怎么样，比你们的积木高！”说完就和朗朗一人一边坐了上去。（图5）“奇怪了，怎么翘不动？”等等说。“是呀，好像很费力！”朗朗的小屁股使劲儿往下压。俩人轮流使着劲儿，可板子翘动的幅度微乎其微。站在一旁的我假装若有所思道：“怎么回事儿啊？钧一那边的跷跷板虽然矮，但是翘起来好像挺容易；你们的高了，却翘不动了！”

“老师，我知道原因了。”一旁的齐齐忍不住发话，“朗朗他们的轮胎又宽又平，有点半圆的弧度才好。”“是的，而且要特别高，才有意思！”

昊昊又连忙说道。“你们说得有道理，可哪一种材料才具备这么多的条件呢？”我在旁边继续引导。

昊昊说：“把轮胎竖着放不就成了！”“不行不行，轮胎太窄了，板都比轮胎宽，肯定会失败！”钧一否定了昊昊的说法。“我们平时玩的油桶，怎么样？”亦钦提出了自己的看法。大家思考了片刻，一致认同。于是孩子们一起来到架空层下，找来一个放置在角落里的油桶，让它横向倒地。大伙儿齐心协力将板搬上了油桶。“哎呀呀！快来扶一下，油桶要滚走啦！”等等大喊起来，扶住板的几个孩子又急忙来扶油桶，大家手忙脚乱。“这样肯定不行，我们要想个办法固定住。”朗朗皱着眉头说。

“这简单，我去搬几块积木过来抵住。”钧一说着就从碳化积木箱内搬来好几块放在油桶的两侧，可当齐齐扶着油桶的手刚松开，油桶又滚动了。“重量不够，我去再找两个轮胎！”说完钧一又拖来了两只轮胎圈住刚刚放置好的积木，这下果然稳固多了！（图6）

图6 尝试固定油桶

教师的思考

搭建过程中，他们遇到的最大困扰是关于支撑物的选择和固定。从单人单板到双人单板，在未改变跷跷板样态而改变游戏的人数后，实际上推动后期形成高板的原因来自孩子们的真实感受。等等和朗朗生活经验有限，选择了轮胎作为支撑点，因轮胎宽而平，结果以失败告终。在我抛出支点选材需要关注形状的问题后，再一次引发了孩子们的思考。亦钦在仔细观察后选择了既高又有弧面的油桶作为支撑物，获得了最终的成功。

幼儿能发现问题、说出猜想、提出方案并不断尝试，是最终能

成功搭建花样跷跷板的核心所在。（表 1）

表 1 幼儿遇到的问题、猜想、解决方案及结果

遇到的问题	猜想	解决方案	结果
跷跷板翘不高	支撑物过矮	换成厚实的轮胎	翘起费力（失败）
轮胎作为支撑物翘起费劲	轮胎横放面较宽且平	换成较高且有弧面的油桶作为支撑物	油桶不断滚动（失败）
油桶作为支撑物易滚动	油桶为圆柱形，横向放置就会前后滚动	使用长方形碳化积木放置于油桶两侧	积木被推倒（失败）
用来固定油桶的积木被推倒	积木体积小，相比油桶较轻，容易被推倒	使用轮胎圈住积木	油桶固定，跷跷板成功翘起

观察三：板面变更，安全性能的增强

第二天户外活动，孩子们又主动去搭建跷跷板了。朗朗对等等说：“这次我们在板下多垫几块积木，最上面一层盖上弧形积木，这样高一些，跷跷板玩起来会比较刺激。”说着就摆好造型，两人娴熟地跨坐在板子上。刚上去没多久，朗朗就喊起来：“你别翘这么高呀，我害怕！没有扶手，会摔下来的！”等等生怕摔了朗朗，蹬地的力气瞬间小了许多。这样几个来回，朗朗一直保持着胆战心惊的状态。我说：“怎样才能增加安全性，不容易摔下来呢？”“幼儿园的跷跷板两头都有木棍做扶手，要不我们去找个材料当作扶手？”钧一听了我的话又提出了新的建议，昊昊和齐齐随他一同去寻找。

走到PVC管处，昊昊停下脚步：“我觉得短的PVC管很像扶手。”“可怎么安装在平衡板上呢？”齐齐问道。钧一说：“如果请保安爷爷用螺丝拧上去，就会把管子弄坏。”大家都摇了摇头，放弃了这个想法。齐齐跑来对我说：“老师，好像没有东西能固定在板子上当扶手！”我说：“扶手一定是安装上去的吗？可不可以本身就在板子上呢？”“哪

有这样的板子呢？”大家都半信半疑，但还是坚持在各个角落搜寻。

走到沙地旁，钧一突然指着几个小班孩子围坐的地方说：“你们看，那里有一个长条凳！”“这有什么奇怪的？”齐齐有些疑惑。“你们帮我把凳子反过来就知道了！”三个小伙伴齐心协力将凳子面朝下、腿朝上，瞬间都明白了。他们开心地将长条凳替换了上去，坐好，握紧“扶手”，一上一下玩得不亦乐乎。（图7）

图7 长条板凳跷跷板

教师的思考

朗朗参与跷跷板游戏时偶然出现的惧怕感受，让新的问题浮出水面。在寻找适宜材料作为扶手的过程中，几个孩子虽然有诸多想法，都因为无法实现而夭折。此时，教师的角色就显得尤为重要，我及时介入游戏，和孩子们共同去分析材料的属性，助力孩子们进一步获得成功。我抛出了“扶手一定是安装上去的吗”这个问题，让孩子们看到了曙光，他们在有了方向的路上，更加容易到达终点。解决问题的过程并不顺畅，这需要孩子有敏锐的观察力和丰富的生活经验，以及能够举一反三的活跃思维。合作探究的过程中，孩子们不断地丰富、构建新的认知经验，他们的专注力、坚持性等多种学习品质以及良好的同伴关系均得到了显著发展。

观察四：物尽其用，四人双板的挑战

孩子们总结了前期所有的失败经验，他们搬来油桶和长条板凳，没几分钟像模像样的跷跷板就呈现出来了。亦钦和等等玩得不亦乐乎，似乎都忘了站在一边的朗朗和钧一。“你们还要玩多久呀，我们都等半天

了！”钧一皱着眉说道。“干脆四个人一起玩吧！”朗朗灵机一动，脱口而出。亦钦听了朗朗的话停了下来，手一挥说道：“你俩上来呗，一人一边！”钧一露出了笑脸，对朗朗头一甩：“走，上！”

朗朗坐在亦钦的前面，时不时发出“啊”的声音。“亦钦，我没有扶的地方！”“是啊，我也没有！”钧一也应声附和。“你俩上来后，我们都翘不动了，你们离中间太近了。”大家你一言我一语争执起来。“四个人一起玩只有这一种玩法吗？”我问。四人听后，你看看我，我看看你。突然，钧一喊了起来：“老师，可不可以在这个油桶上增加一张长条凳？”我笑着说：“不试怎么知道呢？”于是他们又搬来了另一张，与第一张平行放置于油桶上。四人双板成功诞生了。（图 8）

图8 四人双板跷跷板成功搭建

教师的思考

油桶的使用是孩子游戏经验的积累，但在跷跷板游戏中，如何真正地利用油桶的特性，将其功能发挥到实处，需要教师进行适当的点拨与助推。幼儿自主探索的过程并不意味着放任，教师要密切关注，发现幼儿的需要。于是我在孩子们遇到瓶颈时又继而追问：“四个人一起玩只有这一种玩法吗？”以此来激发幼儿的探究欲望，推动整个游戏的进一步深入。

给予孩子充分的时间去思考，就会发现孩子们的智慧远远超出我们的想象。当钧一发现了油桶面较宽这一特质后，提出了增加板面的建议，实现了四人共同游戏。

观察五：发挥创意，十字跷跷板的诞生

自从发明了四人双板的玩法后，孩子们的创意就一发不可收拾了。晨间计划时，几个男生就忙着设计新的跷跷板。不一会儿，钧一的城堡跷跷板（图9）、等等的领奖台跷跷板（图10）和亦钦的飞机跷跷板（图11）都展现了出来。我对他们竖起了大拇指："老师期待你们的设计能被创造出来！"

图9 城堡跷跷板设计图

图10 领奖台跷跷板设计图

图11 飞机跷跷板设计图

因为户外游戏时间有限，经过商量，他们一致决定先搭建亦钦设计的最有创意的飞机跷跷板。他们把百变魔方作为底座，用两块弧形积木分别当作支点。十字跷跷板雏形出现，孩子们都争着要玩一玩。

四人坐稳后，钧一一声令下："飞机跷跷板启动！"大家都轮流翘起来。"停、停！我要滑下来了！"昊昊喊了起来，"板总是朝我这里挪，朗朗你要用力往下压呀，这样板子就能过去了！""我们要保持平衡，必须先把中心点标出来。这样，偏离中心的时候，我们就知道谁应该用力！"钧一说得头头是道。亦钦赶忙拿来一支水

图12 运用积木寻找中心点

笔，伸手就画。钧一抓住亦钦的手："这样肯定不行，你怎么知道这是中心点？"亦钦挠挠头。昊昊说："老师教过我们，使用同一个材料头尾放置，材料的一半处就是中心点。"钧一又说道："用长方形积木分别从长条凳两头开始放，直至中间处，就能看出中心点了！"（图 12）孩子们边讨论，边搬来长方形积木开始摆放，通过实践，果然找到了中心部位。（图 13）"现在只要我们时刻看着中间的位置，板子向哪里倾斜，另一方就主动发力！"他们又重新搭建好十字跷跷板，这一次"飞机"成功启航了！（图 14）

图13 中心部位成功找到

图14 十字跷跷板诞生

教师的思考

仔细比对四人双板和十字形板，会发现后者的难度远远大于前者。难度在于平行双板互不干涉，支撑点是分离的，而十字形板上的两条板面相互交叉，轴心既在纵向分离，分别支撑于两块弧形积木之上，又在横向相交于同一个支撑点上。孩子们游戏时要考虑板面的倾斜和滑动，在这个问题上，其实是有多方面因素存在的，如：幼儿体重不均衡，蹬地力度强弱不均，以及中心轴不固定，等等。而孩子们思考的角度却出乎成人意料。他们认为只要标出中心部位，根据翘动过程中倾斜的趋向，自由调控腿部蹬地力度就可以保持平衡。

在这个环节中，我选择了站在他们身后，无条件地支持孩子们大胆的创意和乐于探究的勇气。事实证明，他们有足够的能力解决问题。十字跷跷板的成功搭建正是他们敢于创造、不断实践，经历多次失败后及时调整优化的成果。

三、总结与反思

虞永平教授在解读课程游戏化时指出：“幼儿游戏的过程需要我们去欣赏。游戏不是幼稚的，游戏中有很多亮点，有很多值得我们关注的要素。”在这个游戏中，我们看到的不仅仅是跷跷板由简到繁的变化，更重要的是幼儿在游戏过程中获取的真实体验和学习品质的不断提升。

（一）读懂幼儿，因现实需要引发创造性游戏行为

园内唯一的跷跷板一直是孩子们的“掌上明珠”，既给孩子们带去了欢乐，又徒增了烦恼。因数量少、幼儿多，长时间无谓的等待使得大班幼儿萌发了自制跷跷板的想法。此时，我们应站在幼儿的立场，顺应幼儿玩的天性，支持他们因现实需要引发的创造性游戏行为。

（二）支持幼儿，在不断试误中自主构建认知经验

在围绕解决支撑物问题的过程中，孩子们都勇于发表自己的观点，并积极尝试。有的认为需要改变高度，有的觉得体积不宜太大，还有的认为稳定是第一要素，他们学会了从多角度去思考问题。

游戏中，我时刻关注幼儿的行为表现，适时调整自己在游戏中的角色，给予幼儿最适合的支持。尤其是在十字跷跷板出现板面滑动倾斜的状况后，我并没有主动告知孩子们这些情况可能是因重力、轴心不稳等问题而导致的，而是“静观其变”，见证了孩子们从“定中心点”这个新的角度出发，成功创造了新的玩法。当孩子们用一种好玩的视角，重新建构跷跷板游戏时，这样的过程是持续投入且值得玩味的。他们在游戏中不断尝试与调整，构建新的认知经验。

（三）成就幼儿，在多重探究中自主发展学习品质

1. 巧抛难题

整个游戏过程中，孩子们遇到了三次瓶颈期，分别在“什么材料适合做支撑物”“如何固定扶手”以及“四个人一起要怎么玩跷跷板”，我及时抓住契机抛出问题引发幼儿思考，激发幼儿的想象力和解决问题的主动性，助推游戏的深入探究。

2. 材料互动

当幼儿根据自己的需求和想法来收集材料时，我同样给予了必要的援助。活动中，轮胎、碳化积木、百变魔方等高低结构材料的有效提供，是他们不断创造新的跷跷板的源泉。尤其在跷跷板的支撑物从矮到高的变化以及扶手板面的替换中，孩子们更换着不同的材料进行组合来满足游戏的需要，他们学会了赋予材料新的功能。

3. 及时肯定

跷跷板雏形形成之时，我对钧一说了一句：“你真厉害！”亦钦设计出飞机跷跷板时，我对他竖起了大拇指。孩子们创造出十字跷跷板时，我与他们一同欢呼。老师偶然的一个眼神、一个动作或不经意的话语都是隐形的助推器，它能让孩子对游戏的探索更加坚持与自信。

在游戏场上，我们看到的是孩子于游戏中逐日长大，我们也与孩子共同成长。凡游戏，皆有意义！

运被小能手

陶莉莉、王倩倩

年龄段：大班

一、背景与来源

受疫情影响，幼儿园封闭管理，孩子们的被褥搬运工作成了难题。班里有三十几位小朋友，教室在二楼，教学楼离幼儿园大门还有一百多米的距离，每次保育老师搬运被子时需要上上下下跑很多次。孩子们也觉得保育老师太辛苦，提出自己的被子可以自己运。但该怎样轻松地把被子搬运到门口呢？于是，一场有趣好玩的“运被小能手”活动拉开了帷幕。

二、观察与思考

观察一：运被子的讨论

又到了发放被子的时候，教室里热闹极了，有的在整理床铺，有的在打包被子。孩子们将打包好的被子都堆在了建构区，准备运往幼儿园门口。怎样将被子又快又好地运到幼儿园门口呢？孩子们立即展开了讨论。

宸宸说："用小推车来推。"旁边的小朋友也一起说用小推车。焦焦表示不赞同，他说："我们班在二楼，又没有电梯，车子怎么上来？"昕佑说："我们可以找一根长绳把被子吊下去。"小丁说："不行不行。我们窗户上有防盗栏，太高了，我们看不到下面，被子太重，直接丢下去，砸到人可怎么办呢？"杨杨说："我们可以把被子从楼梯直接滚下去。"阿翔说："楼梯上都是台阶，被子包会弄坏的。"阿翔指着建构区的一块白板说："要不，我们用这个当滑梯，让被子包直接滑下去吧。""好！""好！""好，我们来试试。"（图 1）

图1 白板铺在台阶上做滑梯

教师的思考

大班幼儿能关注、关心身边的人和事，看到保育老师辛苦地运送被子，他们愿意开动脑筋用自己的方式来帮助老师。关爱他人、热爱劳动的美德正在他们的心里生根发芽。运被子既是游戏，更是孩子们用自己的方式解决问题的过程。游戏前的讨论，孩子们畅所欲言，结合自己的生活经验，寻求最适宜的运被子办法。比如推小车、玩滑梯都是孩子们日常游戏的内容，他们借助小车这一游戏工具和滑滑梯的游戏体验来解决运被子的问题。当昕佑提出将被子从二楼吊下去时，孩子们能通过观察场地的特性、比较窗台和栏杆的高度判断方法的适宜性，说明孩子们的安全意识比较强。

观察二：运被子下楼

1. 第一次尝试——白板滑梯

阿翔和昕佑把白板铺在楼梯上，拿了一床被子包准备从白板滑梯滑下。阿翔发号施令："预备——开始！"昕佑放开手，伴随着被子的滚动发出"嘣嘣嘣"的声音。（图2）宸宸说："你们这个被子滑梯也太短了。"杨杨说："把被子包都弄脏了。"大家围坐在一起又进行了新的讨论。大航说："刚才阿翔把手松开，白板子自己也滑走了。"杨杨说："我们的板子不够长，下面还有那么多台阶怎么办呢？"宸宸说："我们可以用攀爬梯呀。"阿翔说："我帮你去拿。"说完，大家都站起来去帮忙。

图2 被子包往下滑

教师的思考

一块白板也能成为孩子们运被子的工具。白板滑梯的灵感来源于他们玩滑梯的游戏经验，用滑梯将被子从楼上运到楼下，这正是孩子们与材料充分互动、积极思考的结果。在游戏尝试中，孩子们能仔细观察，大胆表述自己的想法，共同商讨解决问题的办法。当发现可以用白板运被子时，大家只考虑到白板面是平滑的，可以让被子滑下去，但没有想到白板的长度没有楼梯长，而且平滑的白板也会随着被子一并滑下楼梯。孩子们结合自己的经验想到用攀爬梯作为支撑点来延长"滑梯"长度，让被子可以顺利滑下楼梯，从而再次开启了建滑梯运被子的探究之旅。

2. 第二次尝试——梯子、木板组合滑梯

昕佑搬起一块长木板，阿翔双手抓握梯子开始搬运。宸宸双腿跪着，

双手抓着梯子说："我来摆。"（图3）昕佑说："让我们走一下，我们要把木板放在梯子的下面。"焦焦大声说："好挤啊，这里都没办法走路了。"（图4）焦焦笑着对宸宸说："你这个滑梯不行，我觉得我还是好累。"杨杨说："被子在梯子上，为什么有种拖不动的感觉？"焦焦大喊："那是因为梯子不平，我感觉还是像在楼梯上走一样。"阿翔摇摇手说："还是用刚才的白板子滑吧！"说完，焦焦就去拿白色板子，说："我们把板子切一半连接起来，是不是就更长了呢？"

图3 尝试用梯子做滑梯

图4 焦焦认为有点挤

教师的思考

游戏中幼儿具有较强的观察能力，他们不仅想出多种解决问题的办法，更能通过亲自尝试总结办法的可行性，在梯子、木板的多种组合尝试下，通过看看、试试、说说，他们的生活经验被充分唤醒，不光考虑到"滑梯"面的宽窄度，还考虑到不同材料表面的平整度，梯子面和白板面的平整度不同，直接影响被子的滑动。由此可见他们在游戏过程中的主动、坚持和专注。在这个过程中，我们没有过多参与，一直充当旁观者，因为我们觉得孩子们会发现问题，也一定能解决。

3. 第三次尝试——白板、梯子、木板组合滑梯

白板子改造后，小介双手交替把板子往梯子方向传送，昕佑伸出右手往下拽。（图5）宸宸说："滑梯改造好了，再来试试？"杨杨立马放了黄色被包往下滑，小介说：“你的被子怎么滑歪了？”杨杨说：“是你们的白板子在动。”焦焦说：“我发现梯子下面的木板太细了，上面的梯子宽。”阿翔说：“我们再去找一个梯子来。”阿翔又找来了一个梯子。

图5 摆放调整后的白板

宸宸说：“这个梯子下有槽刚好可以卡住台阶，上面的卡不住。”焦焦说：“下面的卡上就固定住了，不要管上面了。”（图6）小介说：“那我们铺白板子。”焦焦说：“这次我们把梯子靠着扶梯，留出大点的地方走路。”铺完白板，焦焦说：“来试试这个新的滑梯，肯定没问题。”焦焦往白板滑梯上放了被子包，小介张大嘴巴说：“怎么又歪了？”焦焦盯着被子包说：“哎，怎么又失败了呢？”（图7）宸宸看着扶梯说：“我知道了，昕佑这边有扶梯挡着，左边没有。”焦焦说：“那我们把白板子竖起来吧，我们再来滑一下。”一会儿后，杨杨说：“耶！成功了。”（图8）

图6 运用卡槽固定梯子

图7 再次失败

图8 白板梯子组合滑梯成功

教师的思考

孩子们顺利更换材料，用两个梯子作为“滑梯”的面。在白板的改造过程中，怎样让白板从中间分开？此时，我们通过合伙人的方式参与幼儿的游戏，和他们共同探讨，给予他们经验、能力以及情绪情感上的支持。我们提议用积木竖着固定白板和墙角。面对我们的提议，孩子们依旧能够大胆提出自己的想法，甚至是反对意见。他们再次尝试，又失败了。在宸宸的提醒下，焦焦把白板子竖起来。最终，幼儿恍然大悟，发现了白板连接墙角的秘密，白板站立成功。

4. 第四次尝试——护墙板滑梯

焦焦说：“可是我们把白板子立起来了，被子在梯子上不滑，会卡在梯子上。”阿翔问：“那我们班还有哪些东西能当滑梯呢？”想了一下，阿翔说：“有了，我看见车库里有大板子。”焦焦说：“那我们去找吧！”阿翔说：“板子有了，就是需要连接。”昕佑说：“我来用胶带粘住。”（图 9）滑梯做好，小介迫不及待地说：“哇！这滑梯好长，我们赶紧试试吧！”

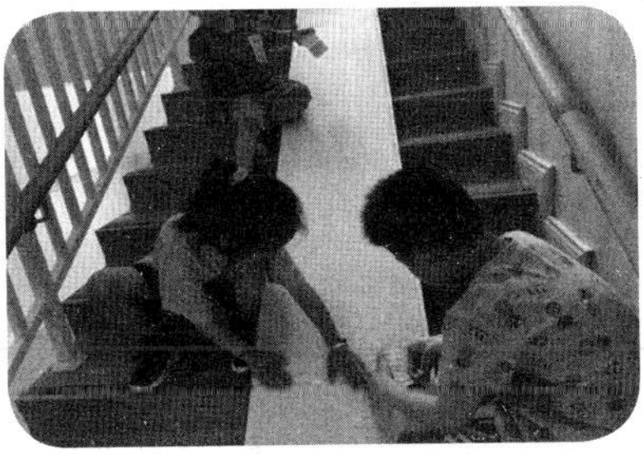

图9 用胶带连接板子

图10 小介坐滑梯

小介从板子上滑了下来。（图 10）阿翔说：“怎么你从上面滑下来不会歪到楼梯上呢？”小介笑着说：“因为我的屁股刚好坐在板子上。”焦焦张大嘴巴，跳了起来，说：“我有办法了，我们把被子竖着往下滑。”（图11）焦焦起身抱起被子包，竖着滑了下去，昕佑拍手说：“没有滑出板子！这个办法好。”

图11 被子竖着往下滑

焦焦大声说：“我们的被子滑梯终于成功了。”昕佑附和道：“对，这次很滑，也不到处滚了。”杨杨补充说：“也不要我帮忙立板子了，也不要不停地拿积木了。”小介也很激动：“太开心了，一个板子就能运被子。”

教师的思考

护墙板滑梯运被子的方式，得到了孩子们的一致认可。他们完成了运被子的工作，也收获了成功的喜悦。在多次运被子的尝试中，孩子们遇到了一个个的问题，又一次次地解决，由此可以看出他们在探究过程中的主动、坚持和专注。孩子们的每一次尝试都是对已有经验的挑战，也是构建新知识经验的过程。每一次尝试都让他们更加接近成功，也让他们获得了真实的体验和积极的经验。

观察三：将被子运往终点站的“交通工具”

1.“小黄车”运被子

被子全都堆在了一楼楼梯口的左侧，杨杨说：“现在我们怎么把被子送到幼儿园的大门口呢？”焦焦说：“我们骑小黄车，大厅门口不是有个斜坡嘛！”阿翔说：“骑到幼儿园门口很轻松的。”小伙伴们骑来了小黄车，焦焦骑来了一辆双座小黄车，把包带子套在了后座上。（图12）宸宸说：“你看，我装了两个被子呢！”焦焦看见后，也装了两包。阿翔说："我这个车才是货车，我也能装两个。"小伙伴们出发了，昕佑突然停了下来，原来前面宸宸的车上掉了一个被子。（图 13）小伙伴们好不容易骑到了幼儿园的大门口，昕佑说："被子包会挡住车轮，太难骑了。"焦焦说："被子还会往下掉。"杨杨对小介说："还好我们没骑过去，这方法不行。"

图12 被子包固定在车座上

图13 被子包掉下来

教师的思考

被子运下楼了，但是怎样将被子又快又好地运往大门口呢？孩子们立马想到了每天骑的小黄车。他们通过尝试发现，小黄车每次只能运一个被子，而且被子还会压在车轮上，阻碍车轮的前进。如果用"三轮车"可以装两个被子，但是被子不好固定，车子一启动，被子就往下掉。小黄车运被子的方法行不通，初次尝试失败。

2. 其他带轮子的工具

用小黄车运送失败后，我们问："幼儿园还有哪些工具可以使用？"焦焦找来了蓝色推车，往上面放了一个被子包；杨杨滚来一个黑色轮胎，把被子塞进轮胎的洞里。焦焦的小推车在中途倒了，杨杨的黑色轮胎也倒了。（图 14）孩子们再次寻找工具，昕佑说："攀爬梯那儿有带轮子的篮球筐。”阿翔笑着说：“真的有空的篮球筐，我们推过去吧。”孩子们开始装被子，焦焦说：“被子横着放太占位置了，我们可以竖着放，一次可以装四个。”阿翔说：“装好了，出发！”（图15）

图14 其他带轮工具运被子

图15 篮球筐运被子

教师的思考

随着孩子多次探索和游戏的深入，他们能用发现的眼睛去寻找身边可用的材料；当发现小黄车行不通时，立马着手寻找其他可以使用的运输工具；“独轮车”尝试失败后，又找来大篮球筐。在这一过程中，孩子们发现了这些工具都具有一个共同的特征：它们都有轮子，这样既省力又快。

在这一系列的尝试和实践中，教师以朋友的口吻提醒、鼓励，用引导性的语言提示各种材料的可能性，为他们提供隐性的支持和帮助。在多次运被子的尝试过程中，孩子们的每一次尝试都是对已有经验的挑战，也是构建新知识经验的过程。

三、总结与反思

（一）追寻幼儿的兴趣，是运被子游戏的起点

这个以运被子为引子的活动是孩子们自发开启的，并不是教师预设的。根据对孩子的观察，运被子的起因是孩子们对教师辛苦工作的体谅，

是对自己的事情自己做的一种意识体现。游戏中，孩子们对感兴趣的事物非常执着，能根据已有经验进行推测猜想，判断方法的可行性，寻找解决问题的最佳途径。在兴趣的驱动下，孩子们的想象力、创造力、语言表达能力、主动性以及同伴关系和处理问题的能力都有了显现。

（二）材料的有效支持，是运被子游戏的亮点

陶行知先生说过：“生活即教育。”幼儿的经验来自生活，幼儿通过游戏将自己对生活的印象表达出来。运被子游戏就是通过充分利用幼儿园里的各种资源，在预测、尝试、期待、改变中自主探究，完成运被子这一活动。游戏过程中幼儿发现问题、分析问题、解决问题的能力得到提升，耐心坚持、自主创新的学习品质更是得到较好发展。活动过程中所使用的材料，如白板、梯子、木板、护墙板等，这些材料是幼儿熟悉的，承载着幼儿的已有经验，也便于引发新经验。这些材料的投放和提供触发了幼儿的自主探究学习和新经验的获得，是本次运被子游戏过程中的亮点。（表 1）

表 1　材料投放、使用及问题解决策略

材料的组合与使用	实践中发现问题	解决方法	结果	经验获得
白板	短，无法固定，被子会滚向地面	用梯子、木板连接来替代白板滑梯	失败	能探索并发现常见的物理现象产生的条件或影响因素，感知白板、梯子、护墙板和被子之间的受力、摩擦，以及结构和功能之间的关系
白板、梯子、木板组合滑梯	梯子、木板宽度不一样；梯子不平滑；被子东倒西歪	寻找相同宽度的梯子，用白板充当挡板	失败	
护墙板滑梯	比梯子更顺滑，长度更适合	被子竖着放，接触面和滑梯匹配了，就不会偏离滑梯轨道	成功	

（三）教师的理性定位，是运被子游戏的保障

幼儿在运送被子的多次尝试中，教师一直保持“退位”状态。如果一开始教师就领着幼儿进行有计划的尝试，在用白板做挡板后，被子能够从楼上滑下来时游戏便已经结束，就没有用护墙板当滑梯的最佳“滑梯”出现了，那样的过程必然远不如幼儿自己探索这般灵动精彩。只有教师“退位”，才能让幼儿主动地投入与材料的互动，才能产生自己的理解，在游戏中发现问题并且自己调整解决。教师可以适当介入进行引导，放手让幼儿去尝试，让幼儿践行自己的创想，帮助他们获得更多经验，推动游戏向深度发展，这是运被子游戏成功开展的根本保障。

第三章

别样的精彩

悬垂女王诞生记

汤亚娟、唐丽娟

年龄段：中班

一、背景与来源

幼儿园的运动区有两个中型弓状传话筒，传话筒的中间部分恰好是一段悬杆。晨间活动时，传话筒变得非常受欢迎。不断有孩子走到传话筒的悬杆下，双手握住悬杆，抬起双脚，尝试保持抓杠悬空的状态。越来越多的孩子聚集在传话筒附近，他们有的站在一旁认真观察，有的热情鼓掌，还有的自觉排成一队兴奋地等待尝试。原来，吸引孩子的不是传话游戏，而是刺激的悬垂游戏。由此我们发现，孩子们总能在玩的过程中萌生出许多奇妙的想法。所以我们决定跟着孩子的步伐去看一看、试一试，悬垂游戏到底可以给孩子们带来哪些不一样的惊喜和体验。

二、观察与思考

观察一：悬垂游戏初尝试

乐乐是班里的“小小探险家”，她对新鲜的事物总是充满好奇。只见她伸直双臂，抓住传话筒中间部分，同时，两只脚迅速蹬离地面，身体就像一只灵活的小摆锤，前后摆动了起来。周围的小朋友忍不住惊叹，跃跃欲试。

依依一直在传话筒的周围来回走动，默默观察着大家。好几次，她走到了传话筒面前，双手轻轻抓住传话筒中间的悬杆，又松开。乐乐看见再次松开双手的依依说道：“不能松手！手要抓紧这个杆子，再把脚抬起来，才能成功呢！”依依听完，再次用手抓紧了悬杆，停留几秒后，还是松开双手，跑开了。乐乐着急地跑到依依身边，询问依依松手的原因。

依依说：“我怕掉下来！摔下来肯定很疼！”

乐乐鼓励道：“别害怕！我之前玩跳鞍马游戏的时候，摔在垫子上，一点也不疼！”

依依说：“真的吗？我需要一个垫子！我们一起去找垫子吧！”

依依和乐乐拉着手跑到材料库，拖出一张安全垫，并放在悬杆下面。依依用脚踩了踩安全垫，慢慢走上前，双手紧紧抓住悬杆。几秒钟后，她慢慢弯曲双腿，伸直手臂，尝试着将一只脚抬离地面，接着，她抬起了另一只脚。（图1）双脚悬空后，她保持了3秒左右，便落下了双脚。紧接着，依依又开始尝试了起来，她悬垂的时间越来越长，双脚也抬得越来越高。在活动快要结束时，依依将安全垫拖到了一旁，模仿乐乐进行悬杆上的“小摆锤游戏”。

图1 依依勇敢尝试悬垂游戏

教师的思考

传话筒本身是玩法比较单一的器械，幼儿在传话筒上开展的悬垂游戏，其实是对传话筒的一种创造性使用。他们打破常规，玩出了“新花样”。我们对于幼儿创造性行为的认可和支持满足了幼儿个性化、多元化的运动需求。《3—6 岁儿童学习与发展指南》中提出，4—5 岁幼儿发展目标为“能双手抓杠悬空吊起 15 秒左右”。但是通过观察发现，幼儿在悬垂游戏中个体差异性显著。悬垂游戏需要的不仅仅是良好的身体素质，幼儿的心理素质也很重要。依依通过与同伴的交流，发现了自己心理上的恐惧，并与同伴商量出了解决问题的方法，共同准备游戏中需要的材料，最终克服恐惧，完成了悬垂游戏的初尝试。

观察二：悬垂游戏再挑战

随着悬垂游戏挑战成功人数的增加，孩子们渐渐不再满足于传话筒低矮的悬杆。户外活动时，作为班级“小小体育老师”的凯凯看着攀爬架上高高的悬杆，毫不犹豫地爬了上去。他敏捷又快速地爬到最高支撑点，两只手牢牢地抓住悬杆，高高抬起双腿，保持了 20 秒左右，才慢慢地从攀爬架上下来。（图 2）

图2 凯凯稳稳地完成了悬垂

凯凯的成功放大了悬垂游戏的诱惑，乐乐紧随其后，爬至最高的支撑点站了起来，两只手一起抓住了悬杆，稍稍迟疑之后，抬起双腿离开支撑点。乐乐咬紧嘴唇，双臂微微颤抖，维持了 10 秒左右的时间，便掉落在了安全垫上。依依犹豫片刻，开始慢慢向攀爬架上攀登。她蹲在最高的支撑点上，两只手紧紧抱着旁边的柱子，慢慢地站了起来，先伸出

一只手尝试着碰了一下悬杆，然后，伸出另一只手抓住悬杆，但依依的双腿始终没有离开支撑点。（图3）

图3 依依不敢离开支撑点

5分钟之后，依依再次爬上了攀爬架，这一次，她两只手一起抓住了悬杆，并且朝着悬杆中间的方向移动了一段距离，两只脚缓缓地离开了支撑点。大约5秒之后，依依着急地喊着：“老师，我要掉下来了！”我们立刻把依依从悬杆上抱了下来，依依落地后，深深地呼了一口气。

依依问：“凯凯为什么不会掉下来？我只抓一会儿，就掉下来了。”

乐乐说：“我知道，因为凯凯是男生，男生的力气比我们大！”

凯凯表示反对：“不是的，是因为你们没有吃蔬菜，我每天都吃很多水果和蔬菜！”

听到孩子们激烈的讨论，我们问道：“那么，到底有哪些办法能够让我们悬垂的时间更长呢？”

教师的思考

更换场地之后，悬杆的高度增加了，悬垂游戏的难度和挑战性也相应提高了。虽然大部分幼儿都没能坚持到15秒，但整个过程中，他们没有被“高难度”吓退，也没有被暂时的失败打倒，而是直面困难、大胆尝试，自主讨论、分析失败的原因。我们抓住教育契机，深挖其中隐含的教育价值，引导幼儿寻找更多办法延长悬垂时间，帮助幼儿拓展经验和视野。

观察三：悬垂游戏大揭秘

孩子们和爸爸妈妈一起查找了延长悬垂时间的办法，有的孩子将调查结果绘制成了调查表、计划表，还有的和父母一起收集了相关的图书、画册。通过集体分享和交流，孩子们解开了玩好悬垂游戏的奥秘：第一，坚持运动，加强锻炼；第二，不挑食，多吃有营养的食物；第三，早睡早起，保证充足的睡眠。（图 4）

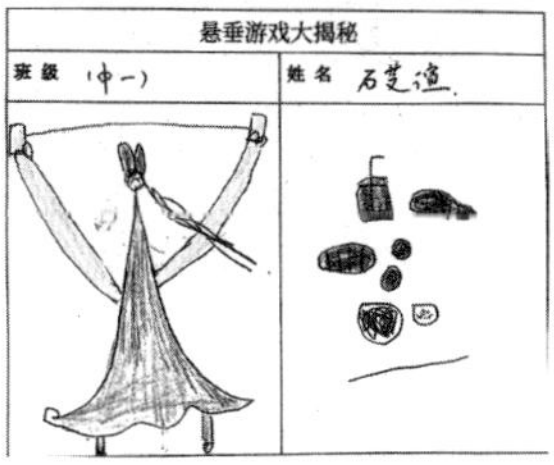

图4 幼儿自制的调查表

为了检验这三种方法是否有效，孩子们商量决定一个月之后，举办一次“悬垂之王争夺赛”。孩子们的生活从那天开始悄悄改变了，晨锻时间变得格外热闹，扔沙包、举小杠铃、滚轮胎……运动小健将们忙得不亦乐乎。甚至在建构区收材料时，孩子们也不放过锻炼的机会。依依的小推车里装满了木头积木，她双手握紧手柄用力向前推（图 5），并对身边的同伴说：“只要坚持锻炼，我的力气会越来越大的！我要成为像凯凯一样的大力士！”午餐前，孩子们讨论的话题也逐渐变成了“哪些菜的营养价值大？”“哪些菜吃了会变得有力气？”；他们互相督促，不能挑食或者浪费，要做光盘小达人。尤其是依依，每天都举着空空的餐盘向我们展示，而我们也会默契地为她竖起大拇指。（图 6）在和家长沟通时，依依妈妈开心地告诉我们，依依为了成为“悬垂之王”，主动和家人一起制定了“早睡早起记录表”，晚上连最爱的动画片都不看了。（图 7）

图5 依依在建构区锻炼

图6 依依成为光盘小达人

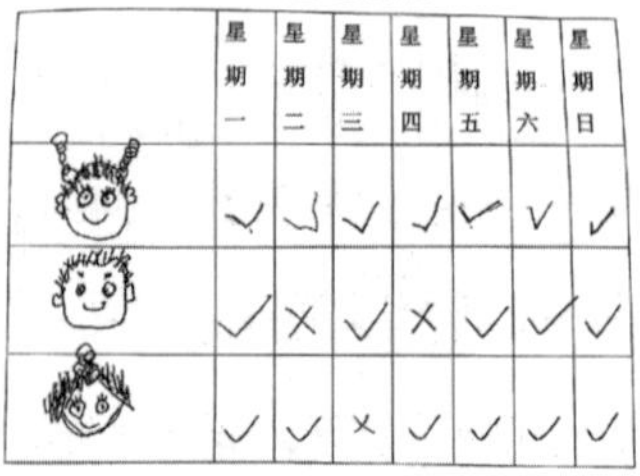

早睡早起记录表

	星期一	星期二	星期三	星期四	星期五	星期六	星期日
	✓	✓	✓	✓	✓	✓	✓
	✓	×	✓	×	✓	✓	✓
	✓	✓	×	✓	✓	✓	✓

图7 依依自制的早睡早起记录表

在体育活动时，我们也调整了活动内容，帮助幼儿更好地掌握悬垂技巧。例如在综合游戏“小猴探险”中，以小猴在森林探险为主线，把小猴学到的本领一一应用在游戏中。游戏的难度由简到难，循序渐进，每一个本领都是为“抓杠悬垂”这一动作做好铺垫。如游戏一“小猴运西瓜”，幼儿扮演小猴运有一定重量的“西瓜”，目的在于锻炼手臂力量；游戏二“小猴摘桃”，幼儿扮演小猴攀爬到一定高度去抓“桃子”，目的在于在攀爬中锻炼臂力和双手握力；游戏三“小猴斗怪兽”，幼儿扔不同重量的沙包到不同的位置，目的在于锻炼臂力和双手握力；游戏四“小猴真棒”，幼儿扮演小猴去小河提水，以一定容积的水桶，一段适宜的距离，目的在于锻炼手臂的力量和耐力。

教师的思考

幼儿借助家长力量进行信息搜集，并将自己的调查成果付诸实践。晨锻时，幼儿积极参与游戏，利用一日生活中的各种机会锻炼上肢力量。在进餐时，幼儿之间互相监督，很大程度减少了挑食、浪费等现象。在家中，幼儿的生活习惯也因为悬垂游戏发生了积极的改变。

实践的过程中，幼儿在自己原有经验的基础上，在力量训练、饮食习惯、睡眠习惯三个新领域不断进行新的尝试，积累新的经验，完成了自身经验的不断改造。同时，日复一日的尝试也增强了他们坚强的意志，磨炼了坚持的宝贵品质。

观察四：悬垂之王争夺赛

“悬垂之王争夺赛”在孩子们的期待中来到了。孩子们跃跃欲试，开始讨论比赛规则。

乐乐说：“谁坚持的时间长，谁就是冠军。”

凯凯说：“签到台的时钟可以用来计时。”

乐乐提议：“我们一起开始悬垂，谁坚持的时间长，谁就是悬垂之王！”

依依提议：“我们来数数。掉下来的时候，谁数到的数字大谁就赢。”

孩子们最后商量决定用依依的办法。

自信满满的凯凯第一个抓住了悬杆，孩子们大声地数着：“1、2、3、4、5……24、25！”凯凯满意地离开了攀爬架，昂起头骄傲地说：“谁来挑战我？”孩子们热血沸腾，很快迎来了第二位挑战者乐乐，数到15秒时，乐乐整个身体都明显晃动了起来，但她仍咬牙坚持着，直到小朋友们数到20，乐乐才松开双手。落地之后，乐乐高兴地说道：“我进步了！之前我只能坚持10秒！”挑战者络绎不绝，但是凯凯的纪录一直没有被打破。终于，依依举起了小手，她稳稳地握住杆子悬垂着，1、2、3、4、5……25，不仅在时间上与凯凯持平，更精彩的是，她在悬垂时左右手交替移动，从悬杆的一头移到了另一头。依依的高难度动作博得了孩子们热烈的喝彩：“依依就是‘悬垂女王’！”后来，仍有不少挑战者进行尝试，虽然大多数孩子都没能打破25秒的纪录，也不能交替手从悬杆一端移到另一端，但是他们打破了自己曾经的纪录，也体会到了坚持的意义。

教师的思考

为了赢得“悬垂之王”的称号，幼儿利用各种机会，在生活和游戏中逐渐积累了丰富的悬垂经验，力量和信心都有了一定幅度的提升。这场比赛就是最好的舞台，所有幼儿都直接感受到了自己的进步。一直默默努力的依依也抓住机会在同伴面前展示了她杆上平移的悬垂新本领，为自己赢得了“悬垂女王”的荣誉。

“悬垂”看起来是种枯燥单调的动作练习，但是幼儿的创想让悬垂给整个班级带来了新的体验，既锻炼了幼儿的力量和耐力，也使他们在快乐的童年生活中获得了有益身心发展的经验。

三、总结与反思

幼儿园的传话筒本身与悬垂游戏是没有关联的，但是在中班幼儿的自主探索下，它变成了幼儿进行自主学习和一系列探索活动的重要源头。活动中，幼儿不断地进步与变化，亲身体会到了坚持的效果和意义。

（一）观日常细微，挖教育契机

陶行知的生活教育理论倡导“在生活里找教育，为生活而教育”。《幼儿园教育指导纲要（试行）》中也提出，要“善于发现幼儿感兴趣的事物、游戏和偶发事件中所隐含的教育价值，把握时机，积极引导”。幼儿的兴趣点与关注点是教育的有效起点，也是幼儿真正的学习起点。

悬垂游戏来源于生活中幼儿的偶发行为，我们观察到这一现象之后，及时抓住幼儿教育契机，支持他们在攀爬架上挑战难度更大的悬垂游戏。当幼儿对凯凯的成功充满羡慕时，我们及时参与，引导幼儿寻找悬垂游戏的秘密，支持他们用各种方式寻找答案，并鼓励验证答案的正确性，帮助幼儿在活动中构建有益的经验。

（二）集生活经验，促深度学习

杜威提出：“教育即经验的改造。”每个幼儿都有自己的经验世界，他们的一切活动都是在自己经验基础上进行主动、积极的学习。教师要观察、了解幼儿的已有经验，在此基础上帮助幼儿扩展经验。

我们在幼儿已有经验的基础上用各种方式寻找悬垂游戏的秘密，引发了后续幼儿在力量训练、饮食习惯、作息习惯上的自主学习，让幼儿不仅对悬垂游戏有了新发现，还养成了更健康的生活习惯。在整个过程中，幼儿在原有经验的基础上积极主动地学习着新的知识和经验，充分利用家长资源，并将这些知识和经验纳入原有的认知结构，迁移到了新的情境中，进行了更加深入的学习。

纵观整个活动，幼儿是投入的、专注的，思维是活跃的，情绪是愉悦的，学习是有深度的。《3—6 岁儿童学习与发展指南》中提出要关注幼儿的学习品质，他们在放置安全垫、寻找悬垂奥秘、为比赛做准备等等活动的过程中，合作能力、坚持性、敢于探究、积极主动、认真专注等学习品质得到了最好的体现。

（三）立幼儿为本，推活动探究

陈鹤琴先生说过：“儿童的世界是儿童自己去探讨去发现的，他自己所求来的知识才是真知识，他自己所发现的世界才是他的真世界。”作为教师，我们应当以幼儿为本，最大限度地满足幼儿通过直接感知、亲身体验、实际操作获取经验的需要。在活动实施过程中我们努力成为幼儿活动的支持者，在幼儿与学习媒介间搭建互通的桥梁，将发展的主动权交给幼儿。

信任幼儿，跟着走：活动中，我们认可幼儿自主开展的悬垂游戏，跟着幼儿的兴趣逐步开展活动，促成悬垂游戏从初尝试，到再挑战、大揭秘，最后生成争夺赛。以幼儿为本，顺应了幼儿的需要，跟上幼儿的节奏，鼓励他们大胆尝试，在实践中验证自己的猜想。

观察幼儿，追着给：活动中，我们仔细观察幼儿，当发觉幼儿好奇自己为什么无法长时间悬垂时，我们适时追问，引发幼儿积极的探究、切实的参与。鼓励他们利用各种方式去寻找答案，并与家长及时沟通，请家长给予他们必要的帮助与配合，支持他们举办“悬垂之王争夺赛”来验证他们的猜想。

（四）进一步的支持策略

随着游戏的不断深入，我们将对游戏的材料进行适当的调整。在保证为幼儿创设安全、自然、和谐的运动环境的基础上，投放适宜、多样的运动材料。比如在悬杆表面裹上不同摩擦力的材料，增加悬垂游戏的难度和挑战性。同时，鼓励幼儿大胆想象，创设更加丰富的游戏情境，引导他们以多种形式，创造性地开展悬垂游戏。我们将在背后默默支持幼儿，引导他们继续对悬垂游戏进行摸索和尝试，让悬垂游戏成为自主探索的一个新开端！

蚕宝宝，你好呀

曹玲、沈兰林
年龄段：中班

一、背景与来源

圈谈时间，娜娜说："我姐姐养了一只蚕宝宝。"菲菲说："我姐姐也养过。"紧接着，一旁的希希凑过来说："蚕宝宝长什么样？我好想看一看蚕宝宝哦。"蚕宝宝成了孩子们的热点话题。捕捉到这一教育契机，我们把孩子们的讨论分享到家长群。第二天，娜娜带来了蚕宝宝和桑叶，活动室一下子变得热闹起来。孩子们仔细观察，争先恐后地分享着自己的发现："蚕宝宝小小的，还会动，真可爱。""蚕宝宝是黑黑的，它还会抬头看着我呢。""蚕宝宝吃的叶子上有小洞洞。""我轻轻摸了一下，蚕宝宝软软的。"……蚕宝宝

图1 孩子们的前期经验

的到来，进一步激发了孩子们的兴趣，他们开始观察、探究、饲养起来。为了支持孩子们的游戏，我们为他们提供了与蚕有关的书籍、放大镜、平板电脑等辅助材料，供他们根据需要自主选择。（图1）

二、观察与思考

观察一：探索蚕宝宝

孩子们通过看一看、摸一摸、说一说、记一记，走进了蚕宝宝的世界。在观察蚕宝宝的过程中，他们充满了好奇，交流的话题也在不断深入。“我发现蚕宝宝的头变白了，头上有一颗黑黑的眼睛。”“怎么会只有一颗眼睛呢？我觉得头上黑黑的不是眼睛。”“蚕宝宝有脚吗？”“它的嘴巴在哪里呀？”……

俊伟告诉大家：“我在益智区的书里看到蚕宝宝的眼睛和嘴巴了。”

根据俊伟的讲述，我们一起查看了《我的自然科学实践书·蚕》。（图2）在阅读时，豆豆另有疑问：“书上的蚕宝宝是有脚的，可是我们班的蚕宝宝太小了，看不到脚，怎么办呢？”菲菲说：“我用放大镜试过，看不到蚕宝宝的脚。”臣臣拿来了平板电脑和放大镜，多次尝试后，他发现放大镜和平板电脑叠加起来拍出来的蚕宝宝会变大。（图3）交流分享时，臣臣将自己在游戏中的发现分享给了同伴们。

图2 阅读有关蚕宝宝的书

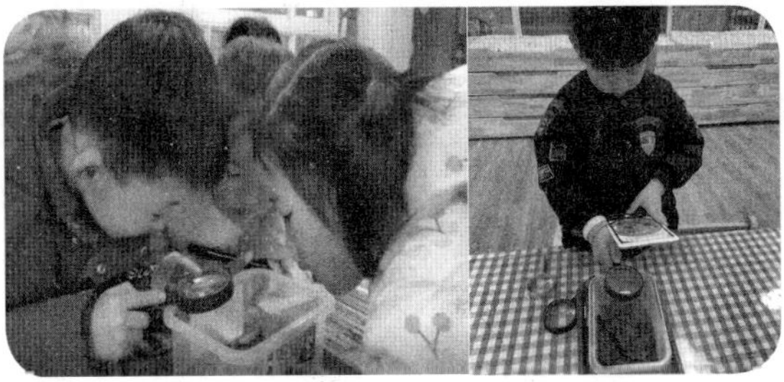

图3 用平板电脑和放大镜拍蚕宝宝

教师的思考

通过观察，我们发现幼儿对蚕宝宝的观察和感受是不一样的。新问题“蚕宝宝怎么会只有一颗眼睛呢”“蚕宝宝有脚吗”“它的嘴巴在哪里呀”的出现，引发了幼儿的探究兴趣。单纯的观察并不能满足幼儿的游戏需求，他们还根据自己的需要跨区选材来支持游戏，如：把阅读区的平板电脑拿来，与放大镜叠加起来使用。幼儿在与蚕宝宝的多次互动中，交流各自的发现，通过思维的碰撞，进行经验的分享。

观察二：认养蚕宝宝

蚕宝宝越长越大，吃得也越来越多，需要经常给它们增添新鲜的桑叶。豆豆轻轻地将蚕宝宝夹出来，然后把吃剩下的桑叶和便便倒在垃圾桶，再用纸巾将饲养盒擦干净，最后在饲养盒里铺上一些桑叶，把蚕宝宝一条一条又放进去。（图 4）

图4 照顾蚕宝宝

游戏分享时间，豆豆告诉大家："娜娜带来的桑叶还剩一点点了。"皮皮说："没有桑叶了，蚕宝宝吃什么呢？"霖霖一脸不高兴地坐在一旁。我们问："霖霖，你怎么啦？"霖霖说："我们白天在幼儿园，可以喂蚕宝宝。可是我们放学回家了，谁来照顾它们呢？"紧接着，大宝也开始担心起来："晚上幼儿园没有人，蚕宝宝会不会害怕呀？"

我们帮助孩子们把在游戏中出现的问题进行梳理：第一，缺少桑叶；第二，晚上谁来照顾蚕宝宝。"遇到这些问题，大家有什么好办法吗？"我们问。菲菲说："可以让娜娜再带点桑叶来。"小冉说："可以让爸爸妈妈带我们在附近找一找桑叶。"霖霖说："晚上我们可以把蚕宝宝带回家。"小冉说："那我要放假的时候把蚕宝宝带回家。""我也要带回家。"孩子们争执了起来。我们问："大家都想带回家，怎么办呢？"希希说："我有个办法，我们可以轮流带。"小鲁说："我们可以预约。妈妈带我去医院，就要预约。"奕博说："对的，有时候出去吃饭，也要预约。"

孩子们来到"我们的园历"前，确定带蚕宝宝回家的日期，然后在"预约表"上进行预约。（图5）

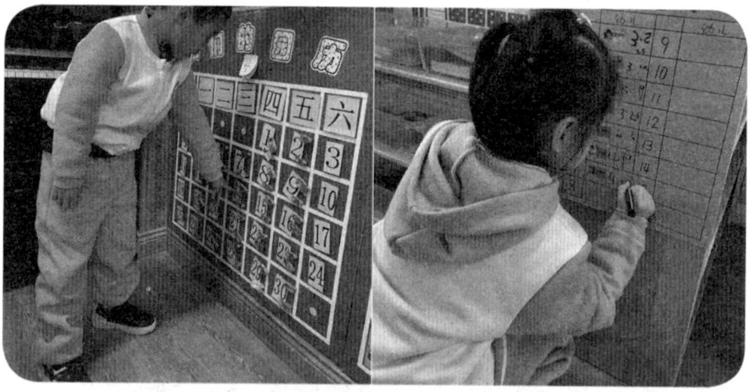

图5 认养蚕宝宝

教师的思考

照顾蚕宝宝已有一段时间，幼儿对蚕宝宝有了比较深厚的感情。当他们提出“晚上蚕宝宝谁来照顾”，可以看出，他们已经将蚕宝宝视为生活中的一部分，充分体现出主动关心他人的情绪情感。在大家都想带蚕宝宝回家时，幼儿把关于“预约”的经验迁移到游戏中，他们提出的解决方法，成了接下来游戏的重要内容。

在游戏分享时间，我们发现幼儿已经意识到了游戏中遇到的困难。为了支持他们自主探究、解决问题，我们帮助他们进行了梳理和归纳，并引起其他幼儿的注意，请他们一起参与讨论。幼儿之间的交流和经验分享，引发了同伴学习。

观察三：吐丝结茧

早晨，阳阳惊喜地发现，蚕宝宝结茧了。她高兴地叫来好朋友：“小艺，快来看呀，蚕宝宝在盒子的边边上吐丝了，把自己包在里面了。”孩子们及时将自己的发现记录下来。（图 6）

图6 观看蚕茧

一旁的苡涵说：“蚕宝宝吐的丝有什么用呢？”灵兮说：“妈妈告诉我，我家的被子里就是蚕丝。”静娴说：“蚕丝在被子里，我们又看不见。”俊伟说：“我妈妈说，她的围巾就是蚕丝做的。”苡涵问：“那你能带来给我们看看吗？”俊伟说：“好的，明天带。”

我们将孩子们的对话，分享到班级群。第二天，孩子们带来了许多围巾。小鲁说：“我妈妈说她没有丝巾，只有羊毛的。”小冉说：“我家也没有丝巾，我带的是腈纶的。”

孩子们用自己的方式为不种材质的围巾制作出相应的标签，运用多种感官，比较丝织品与其他材质围巾的不同。（图7）

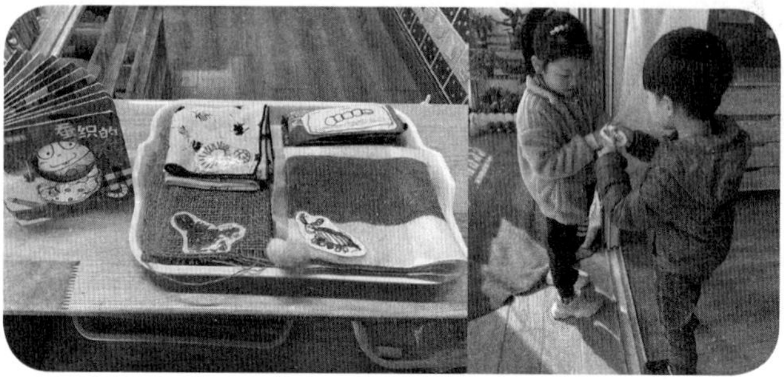

图7 不同材质的围巾

教师的思考

幼儿对丝织品产生了兴趣，我们立即将他们的讨论分享到班级群。为了更深入地探究，我们请家长协助收集各种材质的围巾。基于幼儿当前的游戏水平，对他们提出新的挑战。

围巾带来后，幼儿开始介绍起来，并用自己的方式为不同材质的围巾做上标记。幼儿运用多种感官，动手动脑、观察比较，他们发现：丝织品——凉凉的，滑滑的，风一吹会飘动；羊毛——暖暖的，软软的；麻——有些粗糙；腈纶——有点硬。

观察四：蚕化蛹

蚕宝宝是怎么变成蚕蛾的呢？孩子们又开始议论起来。大宝说：“蚕宝宝把自己包在茧里，我们看不到它呀。”增霖说：“我们能不能把茧打开来看呀？”博涵说：“打开来，就死了。”奕博说：“不会死的。”孩子们开始争论起来。博涵说：“我们去问问老师吧。”我们说：“老师们也不知道哦，要不大家一起找找答案吧。”

站在书架旁的小鲁拿来了图书，翻阅了一会儿，高兴地叫了起来："书上这里画了剪刀，可以剪开呢。"于是，孩子们拿来剪刀，将蚕茧剪开，观察起来。（图 8）

图8 剪开蚕茧、观察、记录

苡涵说："我摸了一下，有点变硬了。"奕博说："它胖胖的，有点像巧克力口味的面包。"增霖说："我一吹它，它还会跳舞呢。"

教师的思考

幼儿从提出能不能打开，到翻阅图书寻找答案，再到剪开蚕茧观察，整个过程都是按照他们自己的想法进行的。通过剪开蚕茧，幼儿更加直观地了解了蚕化蛹的过程。

一个共同感兴趣的游戏主题，能够让幼儿自然而然地产生合作行为，原本的平行游戏转化成了初步的合作游戏。看着幼儿突飞猛进的游戏水平，我们深刻地理解了，适宜的空间和材料对幼儿游戏具有多么重要的意义。

观察五：破茧成蛾

孩子们发现蚕蛾破茧而出了。豪豪说：“白白的、胖胖的蚕蛾好可爱呀！”旭芃另有发现，问：“豪豪，盒子上的这些点点是什么呀？是蚕蛾的便便吗？”豪豪觉得不是便便，于是拿来了书，开始寻找答案。一会儿后，豪豪说：“我知道了，这些点点是蚕蛾生的宝宝。太好玩了，蚕蛾还会生宝宝呢。”说完，拿来纸和笔，将自己的发现记录了下来。（图9）

图9 发现蚕蛾、蚕卵

“老师，蚕蛾生宝宝了。你看，这是我记录的。”豪豪走到我们身旁，跟我们分享起来。我们说：“豪豪真棒！这真是个有趣的发现。你还想跟谁分享呢？”他说：“我喜欢哥哥老师，我要去跟他分享。”说完，他拿着记录纸，去隔壁班级找哥哥老师去了。（图10）

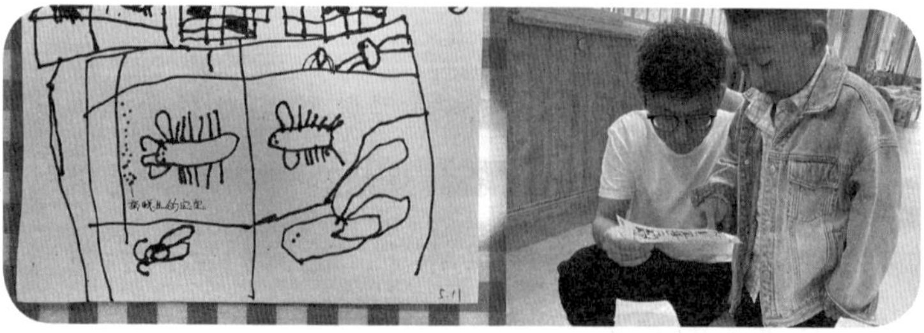

图10 记录、分享自己的发现

午睡起床后，孩子们又去看蚕蛾。天天哭了起来："老师，这只蚕蛾不动了，它死了。"其他小朋友也跟着伤心地哭了起来。灵兮说："人死了会埋在土里，我们把死的蚕蛾也埋了吧。"梓妍说："好的，可是我们把它埋在什么地方呢？"糖果说："埋在我们班的小菜地吧。"孩子们纷纷点头，表示赞同。

来到小菜地，灵兮、糖果从户外游戏材料箱里拿来了小铲子，挖了一个小洞洞。天天将蚕蛾放进洞洞里，双手捧土，覆盖住蚕蛾的身体，说："蚕蛾，你在小菜地里好好休息吧。"（图 11）

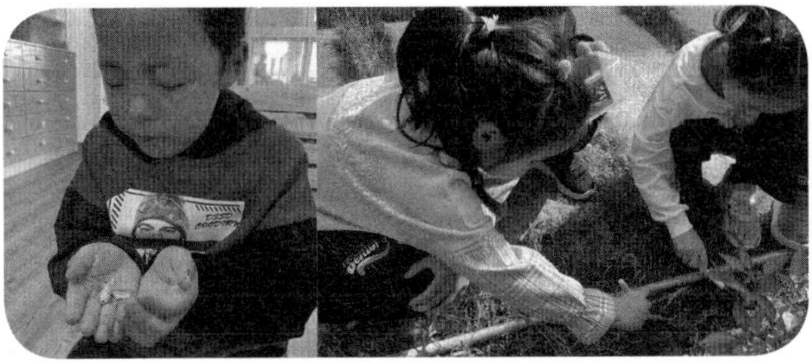

图11 送别蚕蛾

教师的思考

谁也没有想到，小蚕蛾就这么突然地离开了。幼儿是真的把小蚕蛾当成了一个珍贵的生命，在用心地呵护与培养。在这个突发情况中，幼儿自发地联系起生活经验，要为逝去的小蚕蛾准备一场送别仪式。

回归幼儿生活的教育，不是让幼儿教育变成生活训练，不是将幼儿教育等同于日常生活；回归幼儿生活世界，是承认、尊重生命的存在和生命生长的现实和需要。

观察六：新生命诞生

一天早晨，希希高兴地叫了起来："我们班的蚕卵变颜色了。我在书上看过，变颜色后，就有小蚕宝宝出来了。”几个孩子围着饲养盒，静静地等待着……“怎么还没出来呀？”“我们都看半天了。”“会不会是我们太吵了，小蚕宝宝不愿意出来了？”……

午睡起床后，糖果第一个来到饲养盒边：“快来看呀，蚕卵上有许多黑色的东西。”灵兮问：“是小蚕宝宝出来了吗？”希希听到灵兮的话，急忙跑来：“我来看看。我的天啊，终于等到小蚕宝宝出生了。”可乐说：“哦，太好了！我们又可以照顾蚕宝宝喽！”（图12）

这是生命的延续，生生不息。

图12 新生命的诞生

教师的思考

长时间的养蚕经历，让幼儿对蚕产生了较浓厚的情感，就像他们说的：“我觉得蚕宝宝好神奇呀，从蚕变成蚕蛾，蚕蛾又产卵，卵又孵出小小的蚕宝宝。”蚕经历了“蚕—蚕蛹—蚕蛾—蚕卵—蚕”的生命循环的过程，里面既有生命的消逝，也有新生命的诞生。原始、朴质的生命力，幼儿一直在关注、在体验、在共情。

三、总结与反思

教育家陈鹤琴先生曾说：“儿童的世界是儿童自己去探讨去发现的，他自己所求来的知识才是真知识，他自己所发现的世界才是他的真世界。”

（一）兴趣和问题的捕捉是关键

本游戏来源于幼儿感兴趣的事物，教师及时把握时机，创设开放的、多样的活动空间，提供丰富、适宜的活动材料，保证充足的活动时间。

在探索蚕宝宝的过程中，教师始终关注游戏中出现的问题，依据不同情况，采用不同策略，适时提问和引导，从而促进幼儿游戏水平的提升，以及探究能力的快速发展。

（二）游戏促进幼儿多方面的发展

幼儿始终是游戏主体，教师一直是游戏支持者。游戏中，幼儿能运用多种感官、多种方式，学习发现问题、分析问题和解决问题；在每天细心地照顾弱小生命的日子里，慢慢感受到了生命的存在；在亲身实践过程中，收获的不仅仅是蚕宝宝形态变化的知识，更重要的是获得了亲近与珍爱生命的情感、认真专注的学习态度以及敏锐的观察能力和持之以恒的毅力。

游戏中的趣味和挑战，触发了幼儿的协商与合作。这是面对难题时的自然互助，是在浓厚兴趣中的自发牵手。不管是饲养过程中的默契配合，还是困惑时刻的出谋划策，都体现了幼儿的合作能力。

（三）做一个善观察、勤思考的老师

“蚕宝宝”的游戏进行了两个月，教师没有过多介入与干预，始终以发现者和观察者的身份去发现、记录幼儿的游戏行为。当幼儿需要帮助时，教师以支持者和游戏者的身份参与其中。如：游戏中出现“缺少桑叶”“晚上谁来照顾蚕宝宝”的问题时，教师通过提问“遇到这些问题，大家有什么好办法吗”，吸引其他幼儿的注意，请他们一起参与讨论。

教师应当牢记：幼儿是游戏的主人，幼儿应当永远在教师的心中，让游戏真正促进幼儿的发展。

3.0超级赛道

刘君

年龄段：中班

一、背景与来源

户外活动时间，孩子们来到了大树下的自由活动区，讨论今天的游戏内容。很快，孩子们分工去搬器械。

搬轮胎的孩子开始尝试用轮胎进行围合。摆放的时候，孩子们把部分轮胎依次堆叠起来，让其他的轮胎可以继续放进去。围好后，孩子们在轮胎上跑起来。跑到堆叠的地方，大家手脚并用，小心翼翼地通过。越过高低起伏的堆叠区，加速跑过平地区，一圈下来，大家显得兴奋又激动。（图 1）乐乐对后面的欢欢说："刚刚吓死我了。""轮胎不高，摔下来又不疼。"欢欢说。一旁的男生觉得很有挑战，又在轮胎上快速地跑了起来，通过堆叠区的时候还打开手臂，左右摇摆地保持身体平衡。一圈下来，男孩们大声地叫喊：

图1 幼儿搭建赛道

“我们挑战成功啦！”

听到欢呼声，我问他们玩什么游戏。孩子们说，他们挑战了超级赛道。看着孩子们兴致盎然的样子，我又说道：“这个是 2.0 赛道吗？”一听到 2.0，孩子们异常兴奋地说：“我知道，2.0 就是难度等级。”“我还知道 3.0！”“有没有 4.0？”……

设计赛道升级游戏开始了！

二、观察与思考

观察一：3.0超级赛道

为了搭建更有难度的赛道，凯凯和润润把一个轮胎垒在其他的轮胎上，增加轮胎的高度。乐乐则在其他区域段里把轮胎立起来架在另一个轮胎上。欢欢和喜宝搬来垫子，垒一个山洞，在赛道里安排了“匍匐进山洞”。（图 2、图 3）

图2 幼儿改变轮胎摆放造型

图3 幼儿改变垫子造型

摆放好后，大家又开始了新一轮的挑战——超级赛道。孩子们钻过竖着的轮胎，摇摇摆摆地快速通过高高低低的堆叠轮胎。有的跳着蹦着通过平放的轮胎，有的侧身走过轮胎，来到垫子前，小心翼翼地钻过垫子垒成的“山洞”。

两圈跑下来，有的站在原地，有的皱着眉头，游戏热情明显下降了。怎样让超级赛道变得更有挑战性？我让孩子们先坐下来聊聊心里的想法。

孩子们有的说贪吃蛇钻山洞的情节挺有趣的；有的说动画片里面的超级赛道有滑坡，可以快速通过，然后执行任务；有的说周末和妈妈去游乐园，走那个长长的铁链桥，有点摇晃，有点吓人，可以放在超级赛道里。经过讨论，小朋友们都赞同在赛道里加入“滑板”和“晃动的铁链桥”。

乐乐想在游戏里加入城堡探险，把超级赛道连接在城堡上。她最近看过的电影里面有城堡、巫婆，还有蓝精灵，她提议游戏主题可以变成拯救里面的蓝精灵。有孩子提出将游戏赛道升级为 3.0。小朋友们一听挑战升级，更加激动了。

教师的思考

不同类型的游戏材料会引发幼儿开展不同类型的游戏。但是，单一的低结构材料的游戏中，随着玩法的熟练，幼儿的游戏兴趣会出现降低。教师在观察到孩子的游戏状态后及时介入，启发孩子发现问题，共同讨论，寻找解决问题的思路、方法和材料。活动中幼儿将轮胎横着、竖着、斜着摆放、叠加，围合成高低起伏、造型不同的赛道。但是很快，单一的轮胎赛道建构让孩子们的游戏兴趣减弱。我采用讨论的方式了解孩子们游戏兴趣减弱的原因，原来孩子们觉得自己能用的方法都用了，没有其他的想法了，所以有点泄气。这时候我又结合乐乐、欢欢在游戏中设计的“贪吃蛇钻山洞”情节，引导幼儿共同讨论自己喜欢的游戏情境，让孩子们坐下来想想自己见过的、了解的超级赛道的样子，进行经验回忆。孩子们从自己看过的动画片、去过的游乐场所中获得启发，提出铁链桥、滑坡、城堡、拯救蓝精灵的元素。于是，源自幼儿认知经验的游戏情景萌发了。

观察二：3.0超级赛道改造版

通过讨论，改造 3.0 超级赛道开始了。

首先要完成 3.0 超级赛道里面的“城堡”“滑坡”“铁链桥”。孩子们在幼儿园各个区域开始寻找他们心里的“城堡”“滑坡”“铁链桥”。喜宝四处看着，寻找城堡一样的房子，就在一筹莫展的时候，欢欢拉着她朝着小树林跑过去。树林里，其他班级的孩子正在木梯区爬木梯，从板子上滑下来。凯凯找到了最长的木板，叫欢欢帮忙一起搬。乐乐发现了木梯，叫来小帅，两人抬着向前操场走去。喜宝推了推树林里的一个塑料玩具房子，叹了一口气：“房子太重了，抬不走。”（图 4、图 5）

图4、图5 幼儿去小树林寻找适合游戏的材料

小帅看了一眼喜宝说：“城堡是高高的，有围墙。我们那边的大树旁边有高高的台子，我们就把它当成我们的城堡。”

教师的思考

户外游戏材料的提供应该是多元的，能满足幼儿的游戏需求，引发幼儿持续地活动，为幼儿解决游戏的问题提供探究的契机。孩子们从自己看过的动画片、玩过的旅游景点中进行经验回忆，设想自己的 3.0 超级赛道里有铁链桥、滑坡、城堡、拯救蓝精灵等元素。但是幼儿园里没有这些设施，正是没有才引发了游戏创新的意义。活动中，幼儿寻找“城堡”时想到城堡高高的、有围墙的特点，锁定了操场中间的花坛。寻找“铁链桥”想到铁链一根一根地连接，中间有洞的特点，借用木梯区的木梯代替。寻找“滑坡”，从滑滑梯的滑坡想到了木梯区经常滑的滑板，结合了日常的生活经验准确地抓住了物体的特征，借助特征找到了相似的材料。这样的以物代物，既创造性地使用了材料，又在一定程度上弥补游戏材料的不足，丰富游戏的情境和内容。这种结合物体特点寻找材料也是幼儿观察事物特征以及创造力的表现，表明幼儿的思维已然摆脱了具体事物的束缚而进入了表征思维的领域。

观察三：3.0超级赛道精修版

来到前操场，乐乐和葡萄把木梯两头都架在了轮胎上，发现一个轮胎不够高，于是又加了一个轮胎。

凯凯和欢欢垒好两个轮胎，欢欢准备架上木板，凯凯说：“滑坡需要足够的高度，才能滑下来，就和我们在科探区的滚小球的游戏一样。”孩子们纷纷同意，大家一起把轮胎搬过来，一个摞一个。乐乐伸手量了一下四个轮胎的高度，让大家把木板架在轮胎上，然后准备爬上去，再从木板滑下来。结果没试几次，大家就把轮胎又减少了一个。

我问：“不是轮胎越高，滑得越快吗？怎么又减了一个轮胎？”孩子们告诉我，轮胎太高了，摇摇晃晃的，木板坡面太高不好滑行，所以减少了一个。（图6、图7）

图6、图7 发现轮胎不稳

胆子大的孩子继续爬上去，发现轮胎还是不稳，大家决定再拿掉一个轮胎，再次把木板架上去。涛涛又跑上去想第一个滑下来，结果发现轮胎还是摇摇晃晃。我问：“坡面太高了滑得不安全，太低了滑不下来，什么高度才好滑呢？怎么放轮胎才能稳呢？”

孩子们有的认为不稳是因为轮胎有大有小，大轮胎在上面，小轮胎撑不住；有的认为太高了，不好滑；还有的提出太低了也不行，容易坐在板子上，滑下不来。孩子们说得都有道理。

轮胎高度实验开始了。乐乐抱来篮球从板子上滑下，篮球滚得很快。涛涛、润润、凯凯又试了几次，还是太快，孩子们发现了它不适合作为参照。于是跑去附近的班级借了一个大娃娃，先在一头放了两个轮胎，让娃娃滑下来，娃娃下滑得很慢。（图 8）孩子们又加了一个轮胎，然后扶着娃娃滑下来，娃娃下滑得还是很慢。（图 9）于是又搬来一个轮胎，这一次娃娃的滑行速度明显比前面两次要快。（图 10）

图8 两个轮胎的高度实验

图9 三个轮胎的高度实验

图10 四个轮胎的高度实验

于是孩子们把四个轮胎放整齐，架上木板，刚爬上去，轮胎摇摇晃晃的，赶忙又下来了。喜宝晃了晃轮胎，发现中间第三个轮胎晃动得厉害，于是去重新搬轮胎。这次的轮胎比之前的第三个轮胎稍微大一圈，和上下轮胎外圆比较接近。把小轮胎换下来，摆放好木板后，喜宝又爬上去，趴在最上面的轮胎上，还是微微晃动。

图11 把轮胎垒成楼梯状

一旁的乐乐也准备爬上去。她搬来两个轮胎摆在一起，放在高轮胎的旁边，放好后继续爬，高轮胎微微向另一边晃动。乐乐下来，把凯凯和涛涛搬来的轮胎，移到高轮胎的左右。喜宝见状，把男孩们搬来的轮胎垒成了2级、3级、4级的楼梯状。（图11）

轮胎放置好后，孩子们在大树台子上增加了滑坡（图12），让赛道成了一个环形赛道（图13）。并且设置了楼梯通向城堡（图14），游戏中增加了在城堡台边行走的“飞檐走壁”环节（图15），增加了通过城堡的难度系数。

赛道升级完成了，孩子们在3.0精修版赛道上挑战起来。行动代号为“拯救蓝精灵”的游戏开始了。

图12 增加滑坡

图13 完整的环形赛道

图14 轮胎垒成城堡楼梯

图15 飞檐走壁

教师的思考

幼儿推测轮胎的搭建高度说明了生活经验对于幼儿的重要性，之所以幼儿知道高度越高滑行就越快，是源于他们在科探区的游戏经验的积累。游戏中幼儿根据坡度高好滑行的已有经验设置轮胎高度，通过同伴反馈的滑行感受，发现垒高的轮胎并不合适。这充分体现了游戏中幼儿已有经验的迁移，他们在不断地向自己的原有认知和经验发起挑战。

轮胎晃动和物体滑行快慢的问题，里面包含“轮胎高度和木板角度对滑行的影响”“轮胎固定作用力的发现”等知识点，探索它们对于幼儿来说具有一定的挑战性。面对问题，幼儿通过多次调整高度、轮胎大小、轮胎的位置，很快找到了解决的办法。幼儿发现轮胎高度适合四个轮胎，如果再高滑行时会急速倒下，如果低了没有滑行的动力。轮胎晃动，需要在轮胎的周围放置其他轮胎进行固定，因为没有轮胎围挡的一面是空的，容易向空的一面晃动。轮胎也应该尽量找一样大小的，否则下小上大容易不稳。从发现问题、动手调整解决问题，他们完成了材料的调整，在与材料的互动过程中，完成了科学的探索过程。

对于教师来说，我们应该给幼儿的探索创造宽松的环境，支持孩子在游戏中“试错”，以一个同行者的身份向孩子请教，多问“为什么”，引发幼儿的学习向深度发展。

三、总结与反思

随着户外自主游戏的开展，幼儿的自主性越来越高。游戏中很多低结构材料逐渐取代了高结构材料，它的低成本、多变化，能引发幼儿不断地思考，主动地探究学习、建构经验，让幼儿在户外游戏中有了更多的游戏空间。

（一）孩子的游戏孩子做主

赛道设计活动是幼儿自发开展的，幼儿关注自己在游戏中的感受和游戏结果，爱挑战、喜欢比赛的个性让幼儿对升级赛道难度有着浓厚的兴趣。孩子们将已有的生活经验迁移，添加到赛道的升级设计中，让赛道游戏变得更加丰满有趣。

幼儿的游戏，除了对游戏内容进行设计，还有对材料的选择使用。活动中幼儿自主选择游戏中需要的材料，选择特点相近的“木梯”“木板”“垫子”等器械，丰富自己的游戏设置。通过幼儿在游戏中的参与程度，检验了游戏中幼儿的主体地位。

（二）反复游戏的过程是幼儿探究学习的一种方式

3.0赛道难度升级挑战中，幼儿根据自己讨论的情境，开始搭建赛道。搭建赛道时遇到了情境创设中的铁链桥、滑坡、城堡替代材料寻找问题，他们根据物体的特征来以物代物，解决了场景还原。搭建时，怎么让轮胎平稳？怎样滑得快？幼儿不停地调整尝试。每次的调整不是随意的行为，而是对前一次的游戏结果进行思考后做出的有意识的调整。在反复的游戏过程中幼儿主动思考、调整，始终保持积极主动的状态进行探索。在这一过程中，他们不断地探究问题的原因和解决的方法，是学习的过程，也是解决问题能力以及思维灵活的体现。

（三）融入幼儿的游戏，适时引导幼儿解决问题

游戏活动中教师不要太多地干预，只需要多看、多听，关注幼儿的需要。赛道设计遇到瓶颈时，教师建议幼儿坐下来相互讨论自己的想法，让孩子们的想法在讨论中得到了碰撞。材料选择中，教师肯定个别幼儿的做法，鼓励其他孩子大胆地组合使用材料。材料的选择调整过程中，教师以请教者的身份请教幼儿为什么会出现摇晃问题、滑行问题，引导

幼儿关注关键问题。这些都是有意识地提高幼儿解决问题的能力。

（四）基于赛道设计活动的反思

在之后的活动中，教师的支持策略有两点：第一，引导孩子记录自己每次材料调整的结果，便于幼儿掌握比较的方法，加深对固定点、高度、角度的理解。第二，带领幼儿在户外自己寻找更多的低结构材料，如石子、沙子、小木桩等，大胆地使用到游戏中。

乘风破浪赛龙舟

翁素琴
年龄段：大班

一、背景与来源

前期，班级在实施生成课程“船来船往”的活动中，第三组小朋友合作的是设计龙舟。（图 1、图 2）在成功试航后，孩子们还热衷于在区域中探索龙舟的各种拼搭和绘画作品。

图1 小组合作造龙舟

图2 试航

一天，越越和琪琪在建构区中，用不同形状的清水积木搭建了一艘龙舟，并用记录本将自己的作品画下来。（图 3）

越越跟旁边的琪琪说："你瞧我们第三组设计了龙舟，还用积木搭龙舟，如果我们可以玩一玩赛龙舟游戏就好了。""是的，大家一起比赛，太有趣了。"琪琪回复道。就这样，齐心协力赛龙舟的游戏生成了。

图3 建构区搭建龙舟

二、观察与思考

观察一：赛龙舟游戏一

小朋友们分成四组，四个前排小朋友做龙头，后面的小朋友双手抓紧前面小朋友的衣服，一起蹲下向前进。刚开始小朋友们速度不一致，有快有慢，有的请前面的小朋友慢一点，有的叫后面的小朋友快一点。一旁的潘老师见状，提出问题："为什么有的小朋友速度快，而有的小朋友速度慢呢？"菲儿小朋友说："因为我们的动作不一致，有的小朋友先出左腿走，有的小朋友先出右腿走，所以速度就跟不上了。"潘老师继续问："那有什么办法可以使小朋友们动作一致向前进呢？"小言说："我们可以一起喊口令，左右、左右、左右，这样我们大家就都知道先出哪只脚了。""好主意，就像我们玩走大鞋游戏一样。"潼潼开心地喊起来。接着，孩子们边喊口令，边向前进，一片欢声笑语。（图4）但在分享环节，小裴说道："这个赛龙舟没有意思，我见过的龙舟还可以坐在船上用船桨划呢！这个又不可以。"坐在旁边的鑫鑫也小声应和着，朗朗指着旁边的轮胎说："其实我们也可以坐在轮胎上划船呀！"

图4 赛龙舟游戏一

教师的思考

孩子们在活动中首先遇到的问题是集体游戏时速度有快有慢，所以小朋友提出了速度放慢或加快的请求，这时教师及时启发性提问，菲儿脱口而出是因为动作不一致而导致大家速度有快有慢。孩子们也结合平时户外活动“走大鞋”的游戏经验，提出喊口号的想法。接下来，孩子们通过自己的尝试、合作，成功解决了动作不一致的问题，体验到了大家齐心协力合作游戏的快乐。从孩子们的讨论可以看出，他们具有一定的观察能力、丰富的游戏经验和初步解决问题的能力。但在分享环节，从孩子们的想法“需要坐在船上用船桨向前划”“用轮胎代替龙舟”，可以看出大班幼儿的思维活跃，还会迁移已有的经验，以物代物，进行有挑战的游戏。而此时，作为教师，我们应顺应他们的兴趣，支持孩子们的想法，鼓励孩子们大胆探索。于是我们走进孩子们的世界，生成了赛龙舟游戏二——用轮胎代替龙舟。

观察二：赛龙舟游戏二

在孩子们自主探索用轮胎进行赛龙舟游戏时，有的幼儿将轮胎立起来，坐在上面滚动；有的幼儿趴在轮胎上面，尝试用身体推动轮胎向前行；有的幼儿坐在轮胎里，双手向前划，身体向前移。小朋友们开心地分享自己用轮胎划龙舟的方法。（图5、图6）这时，越越指着前面正在“划龙舟”的禾禾说：“你们看，禾禾的动作就像划龙舟，我们也一起来试试吧！”小裴说：“是的，我们坐在轮胎上面，用手向前划，这才像真正的划龙舟呢！”“我们都一起来试试吧！”就这样，小朋友们都尝试用禾禾的方法开启了赛龙舟之旅。（图7、图8）

图5 幼儿自主探索划龙舟的方法

图6 小朋友分享用轮胎划龙舟的方法

图7、图8 赛龙舟

在分享环节，小祺对我说："老师，我们双手向前划的时候，手有点疼。"其他幼儿都产生了共鸣，于是瀚森说："那在划龙舟时，我们每人是不是可以戴上手套？这样就不疼了。"小泽大声应和："我家有手套。"越越说："我们戴的手套都是冬天的棉手套，现在天气热了，我们戴上厚厚的手套，又热又不方便。"仟仟说："我见过我奶奶干活的时候用的是白色的手套，不厚，我们也可以用这样的手套。"源源说："赛龙舟是有好多人一起比赛，我们刚才赛龙舟人是散的，没有大家在一起热闹。"菲儿说："我们可以将轮胎用绳子系起来，这样就像真的赛龙舟了。"小予说："我还在赛龙舟视频里看到过有人敲鼓，给选手们加油的。"菲儿说："对的，我们音乐区就有鼓，可以把音乐区的鼓也带来，这样就热闹起来，像真正的赛龙舟啦！"

教师的思考

我们常说："要基于幼儿的实际兴趣，支持幼儿的持续学习。"孩子们第二次尝试用轮胎来探索赛龙舟的玩法，一起探讨、交流，发现坐在轮胎上，尝试用手划桨，脚和身体向前移动最能体现赛龙舟，活动中已经初步形成了赛龙舟的氛围。在分享讨论环节，幼儿和伙伴之间诉说、倾听、认同，发现问题、分析问题、共同解决问题，既回顾了游戏过程，也梳理了游戏经验，这也是幼儿游戏的延续，因而教师在活动中对于幼儿提出的想法，给予了支持，及时准备了他们所需要的材料，鼓励孩子们大胆地在游戏中验证自己的猜测，于是生成了赛龙舟游戏三。

观察三：赛龙舟游戏三

在第三次活动中，幼儿合作用绳子将轮胎连起来（图9），游戏分6个男生一组、6个女生一组进行比赛。男孩们一直很难向前进，后面的瀚森很着急地对我说："老师，你看前面的男孩没有动呀！"为了让他进一步发现问题，我请他在前面做龙头试试，可瀚森坐到前面后，无论怎么用力，发现还是无法前进。（图10）瀚森说："我们男生组为什么动不了，原来我们用的是重轮胎，所以合作向前进很困难。而女生向前进的速度快，是因为她们用的是塑料轮胎，我们也要换成塑料轮胎试一试。"于是，男生们也用了塑料轮胎，果然男孩子们的龙舟"动起来了"，能够向前进了，而且速度比女生的速度还快，他们非常兴奋。

图9 一起用绳子将轮胎连起来

图10 换龙头试试

在下一组的男生、女生比赛中，女生们还是遥遥领先，男生们又不乐意了。皓博说:“我们这组这么慢，肯定是因为我们这一组有男生重，所以很难向前进，我们可以换小朋友试试吗？”（图 11）为了让他们验证自己的判断是否正确，于是我让他们自行协调小组的游戏伙伴。当他们稍做调整后，开始了游戏，发现速度还是很慢，这是什么原因呢？看着孩子们似乎要放弃了，于是我引导他们观察女生组:“其实女生组也有体重偏重的女生，为什么她们能够在前面呢？”（图 12）女生们自豪地说:“因为我们大家齐心协力，一起喊节奏的，这样大家动作一致，速度就快啦！”于是，男生们也开始“一二一、一二一”喊起口号来。下面的观众也很给力，一起为他们加油打气。（图 13、图 14）慢慢地男生们节奏一致了，速度也快了。（图 15）

图11 男生组慢了

图12 观察女生

图13、图14 加油打气

图15 齐心协力向前进

在最后游戏分享时，孩子们纷纷表示，本次第三轮的赛龙舟游戏更有趣味，更有挑战性了。他们也在实践中总结游戏的方法和要点，体验到了集体赛龙舟游戏的快乐。

教师的思考

经过前两次的尝试和讨论，幼儿积累了丰富的游戏经验，并已经明确了这一次尝试的目的，所以在第三轮游戏中，可以看出孩子的合作能力、坚持性、良好的学习品质都是成功的重要原因。游戏中幼儿发现轮胎的材质、小朋友的轻重都是直接影响龙舟前进速度的重要原因，这也是在游戏中架构出的有关力、速度的新经验。孩子们在一次次失败中寻找原因，在实践中再发现问题、解决问题。他们解决问题的速度越来越快，得益于他们迁移经验并齐心协力。而我们教师也越来越淡定从容，当看到他们遇到困难时能及时关注，及时引导，做到心中有数，并不急于干预，而是通过提出质疑、讨论分享，启发孩子们，相信他们有足够的能力解决好。事实证明，他们是可以做到的。幼儿在游戏中，体验到了自主学习、合作协商的胜任感和愉悦感，解决问题的能力得到进一步提升。

三、总结与反思

游戏是由儿童自发、自由、自选的，它是一种能够满足儿童需要的活动。它有利于幼儿自主性、探究性、独立发现和解决问题能力的发展，是有效的学习形式。在本次赛龙舟探索活动中，正是孩子们不断地发现问题、讨论问题、共同解决问题，从而推动着游戏不断完善，让游戏内容愈发丰富。

（一）充足的游戏时间，使幼儿在探究中表现出良好的学习品质

只有长时间持续地游戏，才能使幼儿有机会不断深入探究和创造，才能发现幼儿在探究中表现出的良好的学习品质。如：赛龙舟的游戏在班级生成课程背景下，孩子们制作龙舟时想到了玩赛龙舟游戏，由刚开始老师为主体的组织，到后来孩子们结合已有的生活经验，以物代物，用轮胎代替龙舟展开探索。在遇到问题时，孩子们勇敢地面对，善于发现问题、解决问题，使得以他们为主体创作的赛龙舟游戏变得形象、生动、有趣。我看到了孩子们认真和专注的学习品质，这说明他们对这些活动非常感兴趣，操作的过程满足了他们不断挑战自我的需求。在游戏讨论环节，幼儿热烈讨论，我看到了他们主动思考的学习品质。只有经过思考，他们才会用形象生动的语言解释问题的答案。

（二）在不断解决问题的过程中，幼儿得到多方面的发展

不断发现问题、解决问题的过程，正是游戏给幼儿创造“最近发展区”的过程，引领着幼儿从原有水平向更高水平发展。如：在第一次的赛龙舟游戏活动中，孩子们虽然体验到了赛龙舟齐心协力的快乐，却无法体验到坐在龙舟上划龙舟的乐趣。因此孩子们借助身边的轮胎代替龙舟进行探索，并结合已有的生活经验，提出将轮胎一个接一个连接起来，变成一条长的龙舟；而在划龙舟时，因用手划桨感到疼痛，又想到戴上

手套的方法。孩子们通过发现问题、提出猜想、合作验证、一起解决问题，不仅提高了动手能力、合作能力和创造力，更极好地培养了积极主动、认真专注、善于坚持和及时反思等良好的学习品质。这不仅是幼儿深度学习的体现，更将为他们今后的成长和发展提供动力。

（三）幼儿在前，教师在后；观察和欣赏在前，理解和指导在后

在活动中，将“幼儿在前，教师在后”的理念落实到教学活动中，随时观察幼儿的行为，及时接过孩子抛过来的球，并抛还给孩子，启发孩子，调动孩子学习的主动性，最大限度地支持和满足幼儿通过直接感知、实际操作和亲身体验获取经验的需要。从“乘风破浪赛龙舟”游戏活动的产生、情节的拓展到丰富有趣的互动，教师大部分时间是默默观察幼儿的表现。当幼儿遇到困难向我求助时，我只是适时给予帮助，引导孩子自己跟随提出的问题进行验证。如：瀚森发现小组的龙舟动不了，觉得是前面做龙头的幼儿不动，我便让他去验证自己的猜测，邀请他自己做龙头试试。瀚森通过亲身体验，发现并不是龙头的原因，而是轮胎重的原因，然后提出换轮胎的想法。教师基于观察和思考，有针对性地选择适宜的指导方式，才能真正地起到推动游戏逐步深入、促进幼儿发展的作用。

枇杷黄了

徐慧、周璐

年龄段：大班

一、背景与来源

图1 幼儿园里的枇杷树

夏天悄然而至，又到了枇杷成熟的季节，幼儿园的枇杷树上挂满了一颗颗诱人的果实。（图 1）看着成熟的枇杷，孩子们迫不及待地问：“老师，树上的枇杷可以摘吗？这个枇杷酸吗？”“我好想尝一尝！”

幼儿园中有着十分丰富的资源，为生命个体的发展提供了独特的环境资源和课程资源。陈鹤琴说，大自然、大社会是一本无字的书，是“活教材”。自然为幼儿获得对世界的感性认识提供了最有趣的学习场所，老师们带领幼儿走进自然，可以让他们充分感受人与自然的关系，激发他们亲近自然的情感。

二、观察与思考

观察一：多种尝试摘枇杷

1. 讨论：怎么摘枇杷

看着一串串枇杷，孩子们馋得不行：“老师，我想吃，但我够不着。”“树这么高，我们怎样才能把枇杷摘下来呢？”

扬扬说：“先爬到滑梯上，再把手伸过去就可以摘到枇杷了。”

点点说：“找一个梯子，爬到梯子上就可以摘到枇杷了。”

糯米说：“用手把树摇晃起来，树上的枇杷就能掉下来了。”

豆豆说：“用一个竹竿在下面敲打树枝，枇杷就可以掉下来了。”

孩子们的想法很多，看着高高的树，他们的采摘计划能成功吗？

2. 验证：初次尝试摘枇杷

方法一：豆豆找来了一根竹竿，用力敲打树枝。枇杷是落了下来，但是掉下来的过程中枇杷也受伤了，时间一长就变色不能吃了。

方法二：小祝找来了攀爬区的梯子，借助梯子爬到了树上。“太高了，我还是摘不到。”小祝说。

方法三：妍妍爬到滑梯最靠近枇杷树的地方，伸手去摘树上的枇杷，可是只摘到了靠近的两个枇杷果子。（图2、图3）

图2、图3 初次尝试摘枇杷

回到班上，我们就三种采摘方式进行了讨论：

第一种方式，枇杷会掉落在地上摔伤。在孩子的世界里，他们认为只要不掉下来就不会摔坏枇杷。幼儿根据生活经验，一共讨论出两种想法：一是在地面上加一层柔软的垫子，就像淘气堡的蹦蹦床一样；二是加个网兜，接住掉下的枇杷，就像小朋友吃饭的围兜一样。

第二种方式，完全够不着枇杷。小朋友们觉得还是要在梯子上增加高度，但是幼儿园最高的梯子已经搬来，已经不能再增加高度了，只能考虑增加手臂的长度。

第三种方式，成功摘到了枇杷，但数量较少，而且采摘过程中扯掉了不少树叶，对树木造成了伤害。孩子们一致认为这样的方式不好，扬言要发明一款不伤害树木又能摘到果子的“神器”。

教师的思考

《3—6岁儿童学习与发展指南》中的科学领域目标指出，4—5岁幼儿要“常常动手动脑探索物体和材料，并乐在其中”。活动中，我们基于真实的问题情境，充分尊重幼儿，即使他们的想法在成人看来不可行，也不急于否定。放手让幼儿去尝试、反思，激起他们深入探究的欲望。可以看到幼儿尝试了几种摘枇杷的方法后，并没有获得完全成功，也绝非毫无所得，至少他们积累了一定的经验，比如对果树高度的预估，果子落地会摔坏的生活常识，等等。回到班级，我们及时讨论失败的原因，并进行调整。幼儿根据生活经验自己想办法，教师支持幼儿在不断尝试中积累实际的经验，开拓他们的思路，推动他们的深度学习。

观察二：设计工具

这次的采摘以失败而告终，那如何才能摘到树上的果子呢？

1. 讨论

虫虫说：“我之前在电视上看过果农伯伯在竹竿上面绑了一个网兜摘树上的果子，我们也可以做这样一个采摘工具。”

芃芃说："对，这样我们既可以摘到树上的枇杷，也不会弄伤枇杷和枇杷叶了。"

在讨论过后，他们决定自制一个枇杷采摘器。

2. 制作

怎么制作枇杷采摘器呢？需要哪些工具呢？孩子们首先对班级资源库中的材料进行了梳理和分析，找出了几种适合制作的材料。（图4）孩子们自由组合，开始设计枇杷采摘器。设计好后，从资源库中选取需要的材料，开始制作。（图5、图6）

图4 班级中梳理出的制作材料

图5、图6 制作采摘器

第一组小朋友从材料库中选了一根长的PVC管、一个饮料瓶和胶带。他们首先用记号笔在饮料瓶的底部画出类似城墙垛口一样的线条，然后顺着线条剪出带有卡口的采摘头，再把剪好的采摘头用宽胶带粘贴到PVC管上。他们的方法是运用这个卡口将枇杷夹住，然后再用力往外一拉，枇杷就能顺利地掉在采摘器中。

第二组小朋友在做值日生的时候发现种植区有耙土的小耙子，想到可以直接用耙子钩住树上的枇杷。他们的方法是一个小朋友直接用小耙子去摘枇杷，另外一个小朋友在下面用衣服接住树上掉下来的枇杷。

第三组小朋友选用的材料有一根长的PVC管、麻绳、塑料头盔、宽胶带。他们首先将麻绳穿到头盔的两端，然后再将头盔固定到PVC管上。他们的方法是用竹竿敲树上的枇杷，枇杷从树上掉下来时正好用头盔接着，这样就能避免掉在地上。

第四组小朋友用剪刀在饮料瓶上剪了一个长方形的口，然后用宽胶带固定在竹竿上。他们的方法是将枇杷伸进长方形的口里，然后用力往下拉，枇杷就会掉在饮料瓶的里面，顺利摘到枇杷。

第五组小朋友使用的材料有剪刀、铁丝、塑料袋、PVC 管和宽胶带。他们先把剪刀固定在 PVC 管上，然后请老师帮忙将铁丝绕成圆形，将塑料袋固定在铁丝上形成网兜，再将网兜固定在 PVC 管上。他们的方法是用剪刀卡口处的刀片，将枇杷从树上划下来，这时正好用网兜兜着。

教师的思考

《江苏省基础教育 STEM 课程指导纲要（试行）》[①] 对幼儿“物化实践与表达”的要求是：能够对材料和工具的性质、类别和功能有初步的认识，能选择合适的工具和材料进行简单的制作。在产生摘枇杷的兴趣后，幼儿经历了第一次直接采摘，又根据他们自己的想法，对班级材料进行梳理，设计出“神器”草图，再利用木工坊的塑料瓶、竹竿、PVC 管、头盔、耙子等，自由组合成五个小组制作采摘工具。根据实际操作发生的问题，教师支持幼儿讲述自己的使用感受。讨论分享中，五组幼儿群策群力，取长补短，不断对采摘工具进行改造，努力设计出既能顺利摘到枇杷，又能避免枇杷受到伤害的采摘工具。

图7 成功采摘到第一颗枇杷

3. 尝试

枇杷采摘器制作好了，那它们到底能

① STEM，即科学（Science）、技术（Technology）、工程（Engineering）、数学（Mathematics）四门学科英文首字母的缩写。

不能顺利采摘到枇杷呢？孩子们带着自己制作的枇杷采摘器，开始采摘了。（图7）

4. 分析

在采摘之后，五组小分队的幼儿对各自使用“神器”采摘到的果实数量进行了统计，并分享了自己的“神器”使用心得。（表1）

表1 采摘情况与使用心得

序号	采摘器种类	数量	存在的问题
1	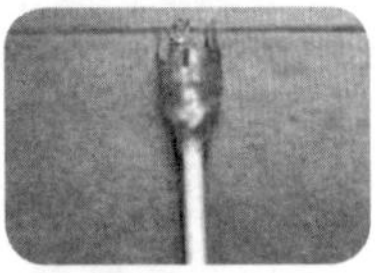	8个	卡口太大，导致在采摘的过程中：1. 枇杷容易滑掉；2. 塑料尖刺会刺伤枇杷
2		5个	没有网兜，下面的小朋友接不住，枇杷容易掉在地上摔坏
3	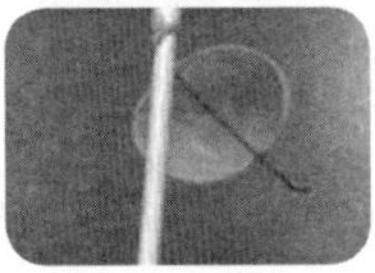	0个	敲不下来
4	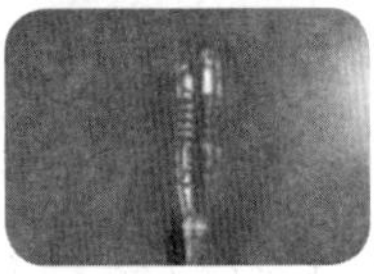	0个	1. 开口剪得比较大；2. 塑料材质比较软，采摘器在采摘的过程中坏掉了
5		1个	在采摘的过程中剪刀没有起到任何作用，而且容易刮伤枇杷的表面

5. 优化

虫虫说：“我们第一组需要改进的地方就是卡口的制作，要剪得小一点，不然枇杷就像小鱼一样从里面跑掉了！”

轩轩说：“我们第二组要在下面加个网兜！刚刚泽泽用衣服在下面根本就接不住。”

小祝说："不行不行，我们第三组的设计不行，管子长了容易晃动，根本就不听话。我想试试第一组的方法。"

豪豪说："我们这组卡口遇到的问题和第一组一样，但是我觉得他们设计得比我们这组要好一点。"

扬扬说："我们的剪刀被袋子挡住了，在下面根本看不见枇杷！"

幼儿对采摘器的第一次尝试中出现的问题进行了反思，他们决定就第一组和第二组的枇杷采摘器进行优化。第一组的优化方法：在剪卡口时将卡口剪得小一点、深一点，这样采摘率会更高。第二组的优化方法：在小耙子的下面安装一个网兜，这样能避免枇杷掉在地上。

6. 再尝试

第二次尝试的过程中，孩子们也发现了问题。

第一组：塑料的软硬度对采摘结果有直接影响。硬的塑料容易把枇杷从树上摘下来，但软一些的塑料用力后容易变形，使得采摘器没有力的支撑点，不能将枇杷摘下来。（图 8）

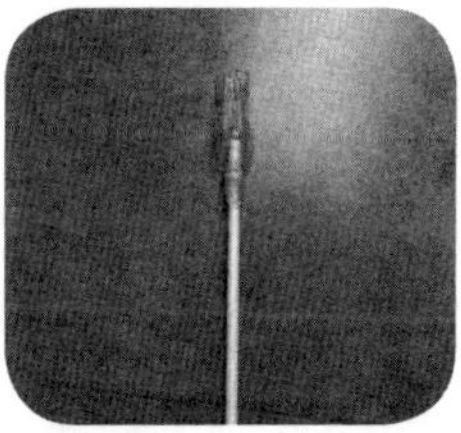

图8 第一组的采摘器

第二组：网兜和耙子在一个水平线上直接影响了采摘的视线，遮挡枇杷根部的着力点，容易扑空，影响采摘的结果。（图 9）

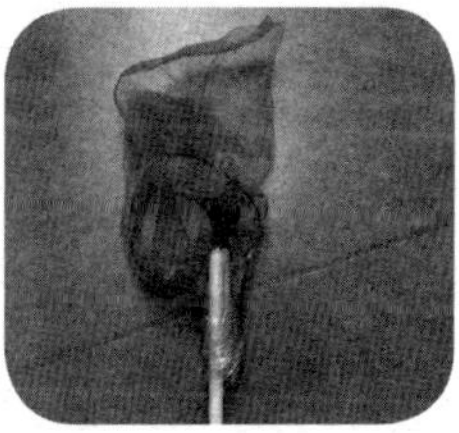

图9 第二组的采摘器

总结第一次、第二次的经验，第三次制作他们首先对材料重新进行了选择，通过对比找出材质硬一点的塑料瓶进行加工和制作。这一次的采摘，除了树上特别高的果子孩子够不到之外，采摘率达到了 63%。

教师的思考

在制作与优化采摘器的过程中，孩子们能够相互借鉴，不断探究运用科学知识摘下枇杷。他们通过剪、捆、扎、粘等技能完成了枇杷采摘器的制作和使用，并不断调整。在此过程中他们不仅获得了相应的生活经验，同时也凸显了STEM教育的核心理念——解决真实问题的能力和科技创新能力。

观察三：探索与体验

围绕枇杷，孩子们有了综合的发现、认识、表达。班级两位教师思考：如果利用摘枇杷契机生成相应的课程活动，孩子会有哪些学习与发展呢？梳理思路后，我们决定跟着孩子的思维轨迹走。（图10）孩子们对枇杷的兴趣还在持续……

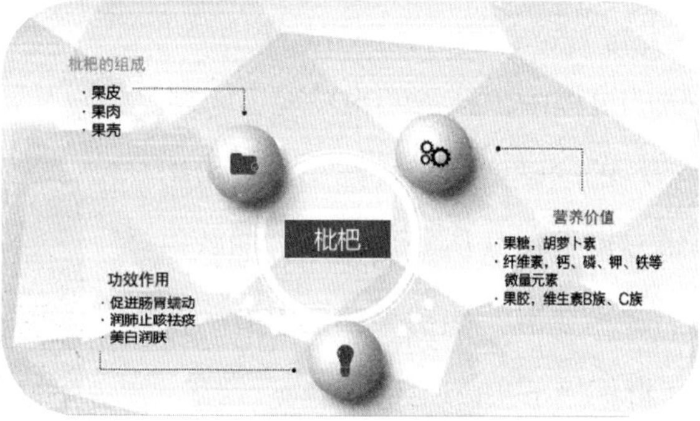

图10 枇杷课程的思维导图

1. 小厨房，大美味

咦，枇杷除了可以直接食用，还可以怎么吃呢？它有哪些营养价值呢？幼儿通过亲子调查，自主尝试制作枇杷膏、蜜渍枇杷等方式，了解枇杷的美味以及食用价值。

2. 探索实验

在制作枇杷美食的时候，孩子们发现枇杷的种子有的是圆形的，有的是椭圆形的，而且种子大小、数量也不一样。通过调查我们发现枇杷有很多品种，包括白玉枇杷、洛阳青枇杷、金丰枇杷等。不同品种的枇杷，大小不一样，颜色不一样，形状也不一样。

把枇杷种子种在泥土里，会发芽吗？种在土里、水里、沙里，它们发芽的速度一样吗？孩子们的种子探索之旅开始了……（图 11）

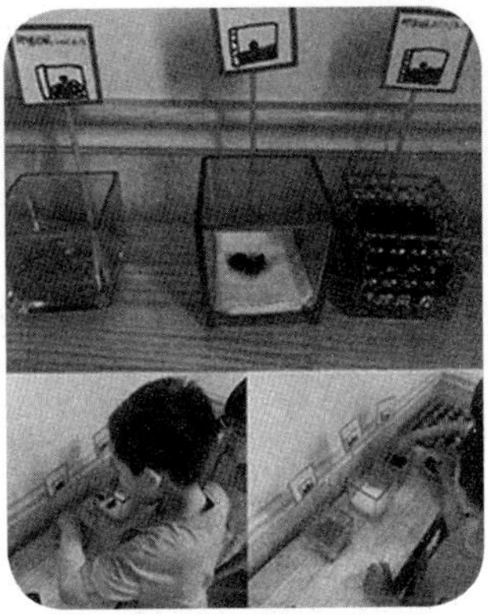

图11 种子探索

3. 枇杷奇遇记

孩子们在采摘和制作的过程中，与枇杷发生了许多美好的小故事，这一个个的小故事被图书区的小朋友们自制成一本本有趣的绘本故事，有《枇杷仙子》《枇杷大世界》《枇杷美食》《这是什么树？》等。

4. 枇杷倩影

美工区里孩子们通过绘画、剪贴等方式表达自己的艺术表现力，他们对于枇杷的艺术创作始终保持着浓厚的兴趣。作为教师，我们始终在追随着孩子的脚步。

教师的思考

《3—6 岁儿童学习与发展指南》中指出："鼓励和引导幼儿学习做简单的计划和记录，并与他人交流分享。"调查、记录可以帮助幼儿丰富观察经验，建立事物之间的联系和分享发现。支持幼儿与同伴合作探究与分享交流，引导他们在交流中尝试整理、收集资料和验证猜测，概括自己探究的成果，体验探究和发现的乐趣。

在制作采摘器的过程中，幼儿通过设计制作、动手操作、优化方案，有目的地运用和掌握一些技能来解决遇到的问题，从而积累多种经验。采摘结束了，孩子们的兴趣未减，教师激发幼儿的主动性，创设活动目标，布置区域环境，围绕"枇杷"又有了新的游戏经验。幼儿深入地思考，多维度地游戏，在感受季节带来的美好的同时，将兴趣延伸向多元化。

三、总结与反思

（一）思考——把活动的决定权交给幼儿

幼儿园的枇杷树引起了幼儿的采摘兴趣，起初他们只想尝尝果子的味道；接着，在尝试中围绕解决够不着、够着了却摔坏了怎么办进行探究，发明出摘枇杷的“神器”。在这一系列过程中，孩子们充分运用分类、探索、操作等学习能力和学习方式，愉悦地坚持、快乐地持续，获得了更多有意义的学习经验。

（二）改变——参与的主动权归还幼儿

以往走马观花地观察枇杷树，幼儿获得的经验和体验非常少。为了让幼儿能充分、主动地投入活动，我们充分挖掘、利用枇杷树资源，梳理课程脉络支架，为幼儿深度学习提供多种平台。

（三）跟随——将课程内容引向深入

跟随孩子的兴趣，支持孩子尝试，让孩子按需发展。枇杷怎么摘？怎样的工具最合适？枇杷可以怎么吃？枇杷的种子在哪种环境之下更易发芽？孩子们在探索的过程中获得了相应的生活经验，解决问题的能力得到了提高，也懂得了同伴间相互合作的重要性。

（四）反思——幼儿与教师共同发展

我们要学会跟随，始终把孩子放在课程的主体位置，保持自己的节奏和孩子一致，并学会聆听孩子的想法，这样教师的感受和洞察力才会丰富并细腻起来，才能发现适合孩子的有意思的课程。

同一件事，教师换一种思路或方式，就可能会给孩子带来不一样的发展空间和机会。帮助孩子成为最好的自己，保护孩子对事物的好奇与热爱的情感，让孩子有丰富的感受和内心世界。

第四章

沙水的乐趣

黄瓜藤蔓慢慢爬

朱燕、管玉梅

年龄段：中班

一、背景与来源

春天，小朋友们种植了黄瓜。四月底，在一次为黄瓜浇水的过程中，小朋友们发现黄瓜苗中间长出了像鸭掌一样的叶片。“啊！你看，这里有两根绿色的须。”小宇兴奋地指着黄瓜的藤蔓说道。小朋友们的目光立刻被吸引过来。一旁的山坡管理员说：“黄瓜长出藤蔓，可以开始搭架子了。”听了阿姨的话，小朋友们纷纷露出好奇的神情。于是，一场围绕黄瓜架的故事就这样开始啦。

二、观察与思考

观察一：关于黄瓜架的讨论

回到教室后，小朋友们围绕着黄瓜架七嘴八舌地讨论了起来。

“老师，为什么山坡上的阿姨说要给黄瓜搭架子？要搭什么样的架子呢？”

“黄瓜架是像户外美工区的葡萄架一样吗？要在小菜地里放几个大木桩，在上面拉绳子吗？”

“不可能。黄瓜苗那么小，怎么可能搭那么高的架子呢？”

对此，我们鼓励孩子们回家进行调查。第二天，围绕搭黄瓜架的疑惑，小朋友们分享了他们的调查发现。

涛涛说：“如果不搭架子的话，黄瓜就会长在地上，小蚂蚁会把黄瓜咬坏掉，我们就没有黄瓜吃了。”

多多说：“我爷爷说黄瓜苗长大以后会长出很多藤蔓，上面会开花，变成黄瓜。搭好架子，藤蔓爬在架子上，黄瓜就不会落在地上，被虫子吃掉。”（图1）

图1 搭了架子虫子咬不到黄瓜

芸溪说：“因为黄瓜的藤蔓会长得很长，所以需要搭架子。”

“黄瓜架子非常重要，我们可以为小菜地的黄瓜搭什么形状的架子？架子要满足什么要求呢？”我们抛出了问题。

尧尧立刻说：“要搭一个长长的架子，因为黄瓜的藤蔓很长。”

“架子要很硬，不然一刮风，架子就倒了。”小宝说。

随后，我们为小朋友们提供了画笔和白纸，请小朋友们自主设计黄瓜架的造型。

可可设计了几种不同造型的黄瓜架，分别是X形、人字形、米字形、长方形的黄瓜架。“这些架子非常坚固，可以让很多黄瓜爬在上面。”可乐设计了人字形的黄瓜架，他说：“黄瓜架的两个脚可以埋在土里，这样就会很坚固。”（图 2）

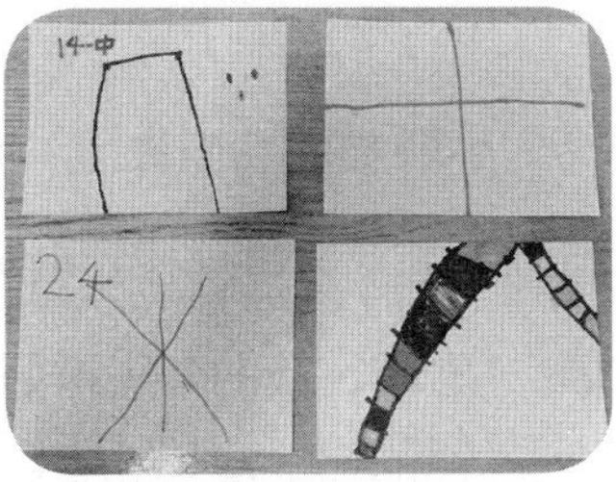

图2 小朋友设计的黄瓜架

教师的思考

小朋友们虽然并不了解黄瓜架，但是通过调查和迁移已有经验，发现了黄瓜架的作用、造型和搭建材料，并且交流总结出黄瓜架要满足材质坚硬、造型稳固和长度适宜的条件。基于以上认识，幼儿设计了不同造型的黄瓜架。虽然黄瓜架造型不同，但基本是由直线交叉、拼搭组合而成。在实践过程中，必须使用工具加以拼接固定，而在设计图中，孩子明显没有考虑到这一点。因此，我们想在下一步的活动中为幼儿提供丰富多样的操作材料，给予幼儿探索的机会。

观察二：如何固定黄瓜架

设计好了黄瓜架，那么搭黄瓜架需要什么工具呢？啾啾提议可以用之前搭黄瓜大棚时的铁架子，因为铁架子非常坚硬，埋在土里后非常稳固。（图 3）

图3 搭建大棚时用到的铁架子

“不行，铁架子太矮了，黄瓜藤蔓可以长很长的。”小朋友们立刻否定了啾啾的想法。

小朋友们提议到山坡寻找树枝搭建黄瓜架。然而，山坡管理员说：“树枝太短了，容易断，不适合搭黄瓜架子。阿姨这里准备了竹竿，你们可以用竹竿搭架子。”

小朋友们感到失望，我们提议道：“我们可以先用树枝练习搭架子。”回到教室，小朋友两两合作进行尝试。哆啦用两根树枝交叉拼成了X形。“老师，我的架子拼好了。”哆啦举手说。

“你的架子能立起来吗？”我们问道。

哆啦拿起了自己拼的架子，两根树枝分开了。“我还需要工具把两根树枝连起来。”

“我的架子也拼好了，可是它们是散开的，拿起来的时候架子就散啦，还是几根树枝。”红豆说。

“看样子，我们需要用工具把树枝交叉的地方连接起来。”我们肯定小朋友们的发现，“你们觉得可以用什么工具把树枝连起来？”

小朋友们选出了四种连接树枝的工具，分别是双面胶、海绵胶、麻绳和毛根棒。（图4）随后，孩子们自由分组，自主选择材料进行操作。然而，双面胶和海绵胶的固定效果并不理想，孩子们也不会用麻绳打结。

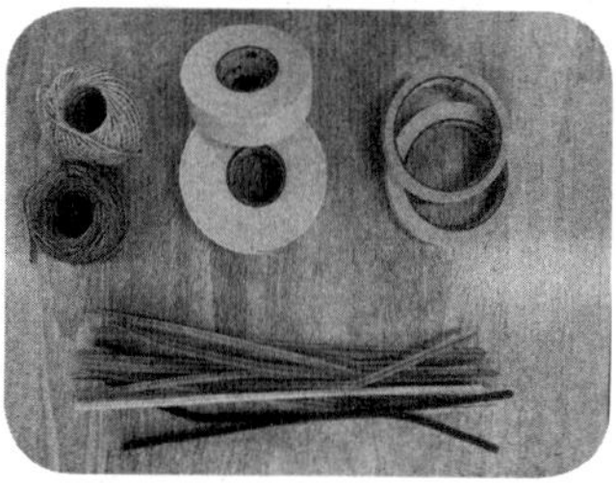
图4 孩子们选取的固定工具

雯雯和锡锡选择了毛根棒，雯雯双手抓着树枝，比画出X形，锡锡左手抓住毛根棒的一端，右手抓住毛根棒的另一端在两根树枝的交点来回缠绕，毛根棒越来越短，锡锡将毛根棒的两端旋转扭成麻花形，最终架子拼好了。“老师，我们的架子拼搭好了。”锡锡和雯雯高兴地举手。（图5）

图5 雯雯和锡锡捆绑毛根棒

一旁的大果凑近看她们的作品，锡锡连忙把自己拼搭的黄瓜架举高，然而 X 架子的开口突然变小了。

“我的架子坏了。都怪你。”锡锡带着哭腔推开大果。

“我没有碰锡锡的架子。”大果委屈地说。

这是怎么回事呢？我们接过锡锡拼搭的架子，动了动两根树枝，随后举起来请小朋友观察。

芸溪说：“锡锡拼的架子好像剪刀，能够开合。”

毛哥说：“我知道这是杠杆原理，毛根棒绑住的地方是支点，两根树枝可以在支点周围晃动。”

“可是我们需要的黄瓜架必须是坚固稳定的。有没有什么办法让这个黄瓜架的造型保持不变？”我们提问道。

“可以把毛根棒拧紧一点。”可乐说。

“可是锡锡已经拧得很紧了。”哆啦说。

“我觉得她们应该再绕一根毛根棒，从上向下绕，就像一个加号一样。我和尧尧就是这样做的。”芃芃说。（图 6）

图6 芃芃和尧尧打十字结固定架子

于是，锡锡与雯雯按照芃芃的建议，又拿了一根毛根棒，在原来的基础上从上往下打了一个十字结，架子终于固定了。

教师的思考

在实践的过程中，孩子们遇到了无法固定架子的困难。对此，我们并没有直接给出答案，而是启发幼儿思考用什么工具可以固定树枝的交叉点，并且提供了相应的材料。小朋友们在尝试后得出了自己的结论。但是在小朋友展示作品的过程中，又出现了新的问题，即如何打结才能让架子更稳固。我们向小朋友们展示了锡锡和雯雯的架子，小朋友们通过观察、讨论，发现增加毛根棒的数量和改变打结的方法（如打十字结）能够更加有效地固定架子。

观察三：上山坡搭黄瓜架

今天，小朋友们带好铲子和毛根棒等工具一起去黄瓜地里搭架子。

可乐和一一合作把两根长长的竹竿埋进土里，一一准备用毛根棒给竹竿打结，但是竹竿交叉的高度太低了，原本埋进土里的竹竿很快翘了起来。（图7）

图7 埋进土里的竹竿翘了起来

“为什么可乐和一一的架子会翘起来？”我们问道。

芃芃觉得他们搭的竹竿交点太低了，在绑毛根棒的时候，小朋友握不稳竹竿，就会容易倒。有小朋友发现挖的两根竹竿之间的距离太近了，这样固定点的位置就会变高，也很容易倒。

我们继续引导小朋友：“那我们可以怎么改进呢？”

亮亮说：“那让竹竿之间的距离远一点，让交点的位置更矮一些。”

芸溪建议：“我们还可以把坑挖得更深一些，再用手把土压平，这样竹竿就能立得更稳固了。”

红豆说：“我觉得我们可以先在下面绑毛根棒，再向上绑一些，这样就不容易倒了。”

在分享交流各自的想法后，大家重新调整了黄瓜架的搭建方法。这边，思洵、芸溪和红豆埋好竹竿，用手把土压平。（图8）红豆双手分别握着一根竹竿，交叉成X形，思洵在交点下方打结，芸溪先抓住毛根棒一端，另一端绕着竹竿转了一圈以后，又转到另一根竹竿上绕了一圈，从上方看毛根棒形成了一个“8”字。随后她们又用同样的方法继续向上绑了两根毛根棒。(图 9)她们的架子搭成功了。

图 8 用手压平土地

图 9 合作从下向上打结固定架子

教师的思考

基于设计和操作经验，小朋友们很快确定黄瓜架的造型，选择利用毛根棒固定黄瓜架。但是，在实际搭建的过程中，小朋友们遇到了埋在土里的竹竿总会翘起来的情况，通过集体讨论和观察分析，小朋友们提出猜想、交流经验、总结策略、调整改进，最终取得了成功。对此，我们深刻地感受到孩子们的经验生长是一个连续积累的过程。在这个过程中，同伴间的交流讨论和模仿学习起着非常重要的作用，作为教师应当多给予孩子操作探索和集体讨论的机会。

观察四：多变黄瓜架

在搭建黄瓜架的过程中，小朋友又提出新的搭建想法。

“老师，我发明了一种新的黄瓜架。”只见啾啾拿起一根竹竿横放在了两个人字形架子的顶部交叉处，形成了一个三棱柱黄瓜架。

看到啾啾的“作品”，淙淙也开始把旁边多余的竹竿搭在了人字形黄瓜架顶部交叉处，原本独立的人字形黄瓜架被竹竿连起来。

毛哥也提出了自己的想法：“老师，两根竹竿搭的架子还是容易倒，我们可以再加几根竹竿，做成金字塔的形状。”

红豆补充说："就像照相机的三脚架。"

很快，芃芃、小宝、可乐拿来三根竹竿，把竹竿底部固定埋在土中，并且让三根竹竿相交。在老师的帮助下，芃芃用毛根棒打结固定三根竹竿的交点，最终完成了"金字塔"黄瓜架。（图10、图11）

图10 尝试搭"金字塔"黄瓜架

图11 固定"金字塔"黄瓜架

教师的思考

在熟练掌握黄瓜架搭建技巧后，幼儿产生了更多创意性的思考，黄瓜架的造型也由最初的二维平面变成了现在的三维立体，稳固性也有所增强。在实践操作中，幼儿建立了物体与几何形体的联系。《3—6岁儿童学习与发展指南》指出，"最大限度地支持和满足幼儿通过直接感知、实际操作和亲身体验获取经验的需要"。根据幼儿的学习特点，在面对幼儿对于黄瓜架的创意思考与尝试时，我们认真倾听幼儿的想法，给予数量充足的竹竿供幼儿操作，支持孩子的实践。

观察五：黄瓜藤蔓为什么不向上爬

几天后，小朋友们发现黄瓜的藤蔓变得更粗了，还生长出了许多像电话线一样的藤蔓。

"啊！你们快看！这里有一根'电话线'缠在竹竿上了。黄瓜藤蔓开始爬架子了。”小宝说。

图12 黄瓜藤蔓不爬架子

“可是，老师，还有好多藤蔓都躺在地上，它们为什么不爬到架子上呀？”一一指着地上的藤蔓说。（图 12）

“是不是它们太重了，不会爬呀？”芃芃摸了摸躺在地上的藤蔓，他伸出了手指比了比，“这个藤蔓跟我手指一样粗。”

多多捡起了地上的一根黄瓜藤蔓，把藤蔓围着竹竿绕了一圈：“看，藤蔓爬到架子上了。”但是，藤蔓又慢慢滑落下来，躺在了地上。

“我觉得我们可以用毛根棒把粗粗的藤蔓绑在竹竿上，这样它就可以慢慢向上爬了。”毛哥说。

“还可以用黄瓜上的‘电话线’缠在竹竿上，就像这根藤蔓一样。”小宝说。

“大家的想法真不错。”我们肯定了孩子们的回答，“那你们觉得我们在缠绕的时候需要注意什么呢？和之前固定竹竿交点有什么不同？”

“要绑轻一点，不然把黄瓜藤勒断了，我们就吃不到黄瓜了。”小西瓜说。

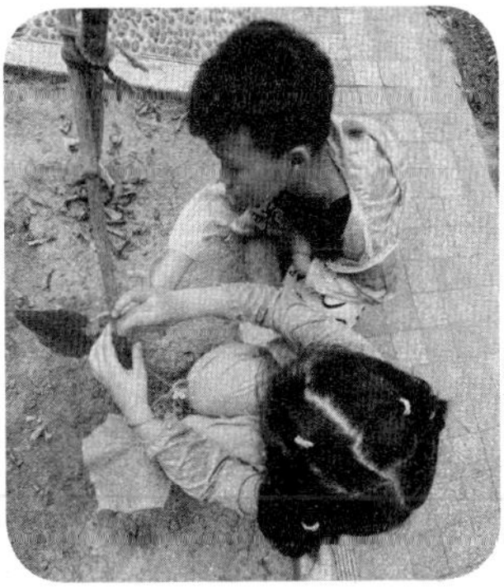

图13 利用毛根棒帮助藤蔓爬架子

“还要绑松一点，如果绑太紧，黄瓜藤就会死掉。”思洵说。

第二天，我们带着毛根棒来到了小菜地。小宝轻轻把黄瓜藤蔓扶起来靠近竹竿，锡锡拿出毛根棒围着竹竿和黄瓜藤蔓，慢慢向相反的方向拉动毛根棒，并且空出一点距离，不把绳子勒紧，绕了几圈之后，再打结固定。（图 13）

在和锡锡合作绑完毛根棒后，小宝捡起一根“电话线”藤蔓，轻轻地把藤蔓拉直，绕在竹竿上。黄瓜的藤蔓终于爬上架子了。（图14、图15）

图14 拉直黄瓜藤蔓并固定在架子上

图15 用毛根棒和黄瓜藤蔓固定

教师的思考

在观察黄瓜生长的过程中，孩子们发现了新的问题，即黄瓜藤蔓没有沿着架子向上爬。这个新问题促使孩子们不断去探索尝试。对此，我们有意识地提问固定竹竿与固定黄瓜藤蔓的不同和需要注意的地方，孩子们很快想到了捆绑时要注意不要勒太紧。还有小朋友发现黄瓜的藤蔓也是一种很好的固定工具，并且进行了积极的尝试。因此，教师应当注意有效地提问和提炼并且准确表述问题，这样幼儿能够积极主动地思考，持续深入地探索。

三、总结与反思

（一）在发现探索中促进幼儿多方面的发展活动

1. 锻炼幼儿动手操作能力

幼儿通过操作材料和实践活动能够锻炼自身动手操作能力。如在搭建黄瓜架、绑黄瓜藤蔓等活动中，幼儿利用毛根棒打结进行固定，他们掌握了打结的方法，比如打十字结、8字结等，在这个过程中，幼儿的手部精细动作得到了发展，手部动作更加灵活协调。

2. 培养幼儿的问题解决意识和科学探究能力

幼儿天生具有强烈的好奇心与探究欲，他们乐于探索解决问题。由于是第一次种植黄瓜，孩子们对于黄瓜架生出了许多疑问，在搭建架子的过程中也遇到了很多困难与挑战。对此，他们能积极主动观察，提出假设，并且通过实践探究解决问题。幼儿的问题解决意识和科学探究能力得到了提升。

3. 提高幼儿的倾听表达能力与合作能力

语言是交流和表达的工具，幼儿清晰地表达自己的问题和想法，认真倾听他人语言有助于获取信息，促进人际交往，解决问题。在搭建黄瓜架的过程中，孩子们能够比较清晰连贯地提出问题，分享发现，并且能够做到认真倾听他人想法，做出回应。此外，孩子们相互协商、分工合作扶稳架子和打结固定，同伴合作能力也得到了发展。

（二）教师要做好观察者、倾听者、等待者

孩子在操作游戏的过程中，教师要做好观察者、倾听者，及时捕捉幼儿的问题与需要，提供丰富多样的材料，创设适宜的情境机会，供幼儿操作探索发现学习。在本次活动中，幼儿遇到了固定架子的难题，我们并没有直接告诉幼儿答案，而是启发幼儿思考表达。随后，我们根据幼儿的需求提供了多样的材料，幼儿在操作实践的过程中发现了毛根棒的固定效果最好，在接下来实际搭建黄瓜架、帮助藤蔓爬架子的活动中，幼儿主动联想到利用毛根棒。实际上，幼儿在活动中遇到困难是一件非常正常的事情，教师不要急于告诉孩子答案，而是应当学会停下来等一等，允许孩子去探索、去发现问题，给予孩子思考、操作探索和交流讨论的时间。在这样的过程中，幼儿的科学探究能力能够得到发展。

（三）教师要注意加强语言的有效表达性

在操作探索类游戏中，教师语言表达的有效性能够促进幼儿的思维

发展和操作探索。中班幼儿虽然能够连贯地讲述一件事情，但是在语言表达的清晰度、逻辑性上还有所欠缺，当幼儿无法清楚地表达自己的问题时，教师应用清晰简洁、贴近幼儿认知水平的词语，按照一定逻辑表达清楚，帮助幼儿有效明晰问题，启发幼儿的思考。此外，教师还可以用反问或者提问引导幼儿观察事物，如“你发现了什么”“你觉得为什么会这样呢”“有什么办法可以找到答案”等，由此启发幼儿思考，提出自己的想法，并且及时肯定幼儿，鼓励幼儿自主探索发现。当幼儿得出结论时，教师可以用简洁清晰的语言进行及时的归纳总结，帮助幼儿加深理解，促进幼儿的思维发展。

泥巴乐园

樊颖、吴姣

年龄段：中班

一、背景与来源

随着城市现代化步伐的加快，孩子生活的环境逐渐被钢筋水泥的高楼包围，不断更新的电子产品更是令无数孩子着迷，这无疑隔断了孩子与自然的联系。孩子本身就是自然人，应该走进自然，在自然中成长。远离自然则使孩子失去了太多亲近自然、感知环境教育的机会。

我园背靠扬州大学农学院，办园特色是"以农为基、依农而行"，将废弃的山坡建成孩子的游乐园，其中就有泥土区，充足的空间可以让孩子们尽情玩耍，与大自然亲密接触。

每周二上午是自选区域游戏时间，选择泥土区的孩子们开始更换雨靴，讨论今天玩什么。小博说想建房子，这个提议得到了大家的一致赞同，孩子们找来纸和笔开始制订计划。（图 1）

图1 绘制设计图

二、观察与思考

观察一：和泥

孩子们使用筛子筛出石头等硬物（图2），在小桶里铲入一些泥，加水，干干的泥块似乎一下子变形了；再搅拌，满满突然惊呼："哎呀，怎么变成泥水了？"（图3）皓皓提出把水倒掉，倒完水，泥巴还是很稀。他们又加了一些泥土进去，用棍子搅拌，还是很稀。重复了几次之后，泥终于变得黏黏的，可以捏成任意形状。

图2 用筛子筛土

图3 和泥失败

掌握了和泥的方法后，孩子们开始尝试做各种各样的造型。湿润、柔软的泥巴给孩子们带来一种奇妙而独特的触觉体验，而泥巴的可塑性也满足了孩子们捏、团、搓等创作欲望，让他们可以不断实现自己的奇思妙想。（图4）

图4 制作泥塑

满满用泥搓了汤圆，乐乐做了一个杯子，小博捏了一只蜗牛。我们问他们："你们准备什么时候建房子呢？"小博拿起图纸说："我们快建房子吧！"

教师的思考

幼儿前期的分工是比较清晰的，有的用筛子筛土，有的挖泥，有的兑水，还有的负责搅拌，看得出来幼儿是有计划性的。幼儿在探索的过程中知道了泥土和水混合的比例不同，泥的黏性也不同。从讨论过程可以看出，中班幼儿遇到问题能积极协商探讨，能根据生活中的已有经验建立问题与方法的合理连接。后期掌握了和泥的方法后，幼儿捏出了各种造型。中班幼儿的有意注意在逐步发展，呈现出无意注意向有意注意转化的趋势；从幼儿迷上了泥塑而忘记建房子可以看出幼儿的注意力并不稳定，任务意识也有待增强。

观察二：建房子

建房子第一步要做什么呢？皓皓提出用砖头砌墙，于是，孩子们决定先做砖头。他们不会做砖头，就去向阿姨求助。阿姨告诉他们，先把泥放进做砖头的模具里，在泥土里面加一些稻草，防止泥土裂开，等晒干后放进火炉烧制，就能做出砖头。乐乐问："可是幼儿园没有火炉怎么办？"阿姨说："你们可以放到太阳下面晒，看能不能成功。"于是，孩子们把稻草剪碎，把泥土和剪碎的稻草混合在一起，最后将混合好的泥土倒入模具中（图5），平铺在地上晾晒。他们约好明天再来看。

图5 做砖头

第二天自选区域游戏时间，孩子们迫不及待地把模具中的泥土倒出来，可泥土没有变硬，制砖失败了。他们找到了现成的砖头，准备砌墙。孩子们开始和泥，因为掌握了和泥的技巧，他们通过兑水、搅拌很快便和出黏度适宜的泥，之后就从材料架上找到砌砖刀，开始砌砖。孩子们把砖头一个个垒起来，这时墙塌了。

我们问："墙为什么会塌呢？"小博说："砖头放歪了。"乐乐说："砖头有的重有的轻，重的砖头把墙压坏了。”我们又问：“你们有什么好的办法解决吗？”小博想了想，说：“砖头要放好，不能垒得太高。”乐乐补充道：“要把重的砖头放下面，把轻的砖头放上面。”

于是孩子们又开始新的尝试，垒到第八层时，为了防止倒塌，不再向上垒高。（图6）孩子们在山坡上找到木架做屋顶，屋顶搭好后，他们就跑去旁边玩挖泥游戏了。我们问：“房子可以变得更好看，怎么装饰呢？”孩子们采集了山坡上的自然物，用落叶、小草、落花、树枝等给泥房子“添砖加瓦”。（图7）

图6 建房子

图7 房子建好了

教师的思考

根据幼儿的已有经验，幼儿开始搭建房子，刚开始就遇到了大麻烦——怎么做砖头？幼儿很聪明，他们去向阿姨寻求帮助。做砖头的挑战已经超出了幼儿的已有经验，但是幼儿能积极主动寻求成人的帮助。此时，教师适时给予指导，通过语言激励、材料辅助等方式，让幼儿体验砖头制作的过程。虽然制砖失败，但幼儿获取了更有益的经验。

制砖失败后，幼儿找到了现成的砖头，开始砌墙。砌墙的过程也并不顺利，墙砌了一半就倒塌了，幼儿并没有灰心，而是去观察和讨论，思考问题产生的原因，最终建出稳固的房子。砌墙的过程中，幼儿能按一定的规律排列砖块，点数砖块的数量，感知砖块的多少、摆放方式与墙体长短、高矮之间的关系。

在自主砌墙的过程中，幼儿只会将砖块简单地垒高和叠加，对砖头重量、高度、摆放方式有一定的认知，但对于如何按图施工、如何建造地基、如何保障房屋的稳定性等经验比较欠缺。因此幼儿可以在建构区里用积木代替砖头，尝试搭建房子的基本结构，待了解并掌握房子的基本结构后，再次探索搭建。

观察三：挖河道

图8 用压水井压水

图9 挖河道

图10 运走泥土

成功搭好了房子的孩子又产生了新的想法——在房子旁边挖河道。怎么挖？小博认为要先画路线，就用铲子在泥土上画了一条曲线，大家沿着线开始挖。挖了一会儿，孩子们发现泥土太硬了挖不动，原来由于这几天的温度较高，泥土也变干了。满满想到了加水的办法，孩子们用压水井压水（图8），把水倒进泥土里。重复几次后，泥土变得湿润，终于可以挖河道了。皓皓说："我挖这头，你们挖那头，等一下我们接在一起就好了。"（图9）

几分钟后孩子们挖的地方接通了，小博把水倒进去，结果水流了一半就不流了。他们发现河道堵住了，于是拿起铁锹铲除凸起的土堆，但旁边的土掉下来，又堵住了。满满找来小推车，把挖出来的泥土运走。（图10）孩子们觉得挖得差不多了，又往河道里倒了水，水流终于顺畅了，但到最后一段河道的时候又流不过去了。他们跑来求助，我们告诉他们："水是从高处往低处流的，虽然你们挖好了河道，但最后一段挖得太浅了，所以水流不过去，因此越往后河道要挖得越深。"孩子们又拿着小铲子去挖土，终于水能顺利流过去了，他们开心极了："我们的河道完工啦！"

我们问："今天你们挖河道遇到了哪些问题？"皓皓说："今天我挖河道的时候，水流不过去了。"乐乐说："我挖河道的时候旁边的泥土会掉下来，把河道堵住了。"满满开心地说："我把挖出来的泥土用小推车运走，泥土就不会掉进去了。"

教师的思考

建好房子后，幼儿开始在房子旁边挖河道。面对泥块挖不动、挖不深、泥块往下掉的问题，孩子们采用观察、对比、讨论的方式，筛选出比较合适的挖泥工具，同时解决了泥土过硬挖不动的问题。挖河道的游戏在泥土区里经常出现，但这次幼儿挖的河道太令人震撼了。游戏中他们有分工，有合作，有关键人物引领，也有每个参与者的努力。这个庞大的"工程"涉及许多人的合作，对于中班下学期的孩子们来说很有挑战性。

挖河道的游戏持续了两周的时间，幼儿一直非常投入。在顺着水流方向挖河道的体验中，幼儿懂得了水的流动和泥土的高低有关；挖河道中的铲、堆、拍、运、压等步骤，发展了幼儿的手腕精细动作，不仅促进了身体的发展，也促进了大脑的发展；幼儿专注投入学习的品质以及解决问题的能力，也在游戏活动中得到了提升。

观察四：造桥

泥土区出现了好多条河道，满满想跨却又不敢跨。旁边拓展区的孩子也过来玩，河道有部分狭窄的地方承受面积很小，河道边的泥土因此掉进河道里。

皓皓很委屈：“老师，他们把河道弄坏了！”几个孩子面面相觑，不知该如何解决。我们说：“他们喜欢你们挖的河道，所以才会来玩，有什么办法解决呢？”孩子们默不作声。我们追问：“我们生活中也有河道，可以怎么过河呢？”乐乐说：“可以坐船。”皓皓说：“从桥上走，润扬大桥就是这样的。”

孩子们决定建一座桥。皓皓拿了一块木板架在河道上，满满刚踩上去，木板就翘起来了，满满吓得赶紧下来。我们抛出新问题：“怎么固定木板呢？”孩子们开始研究如何固定木板，皓皓要把木板埋进泥土里，乐乐想用重的东西压住木板。

孩子们把泥土放在木板的两边，用手压紧，结果木板还是会翘起来。他们又找来建房子剩下的砖头，将砖头压在木板的两端，这次满满成功过了河。（图 11）

图11 成功过河

孩子们又找到了 PVC 管，尝试用来造桥（图 12）；还把木板抬过来当小桥，木板很重，非常稳。（图 13）

图12 用PVC管造桥

图13 小桥非常稳固

小桥造好了之后，孩子们围着房子看来看去，乐乐说：“房子外面都有栅栏，我们也来装个栅栏。”孩子们都同意了。他们去建构区找来圆柱形的积木当作栅栏。（图 14）小博说："房子外面应该有路。"他们又把积木摆成马路的样子，乐乐又找来了小汽车放在马路上，马路也通车啦！（图 15）

图14 装栅栏

图15 造马路

随后，在游戏分享时间，我们问："今天在泥土区，你们遇到了哪些新问题？"乐乐说："我们想在河道上面造桥。"我们又问："你们是怎么造桥的？"皓皓说："我们把木板放在河道上当桥。""你们造桥时遇到哪些问题？"小博说："桥会翘起来。"乐乐补充说："后来我们把桥修好了。"我们问："怎么修的？"皓皓说："我们把砖头放在桥上，桥就不晃了。"小博说："我们换了一个长长的木板当桥，很稳固。"我们追问："还有其他问题吗？"皓皓说："我们造了马路，但有个土坡，汽车开不过去。"乐乐提议："你可以挖一条隧道啊，爸爸经常开车带我走隧道。"皓皓高兴地说："好的，我明天就去挖隧道。"

教师的思考

挖好河道后，幼儿遇到了新问题——在河道上玩耍的小朋友把河道压塌了。通过抛出"怎样过河"的问题，用生活经验引发幼儿思考，让幼儿从生活出发，将生活经验与游戏建立联系，想出了"造桥"的办法。在这一环节，幼儿不断地尝试用各种材料来造桥，表现出积极主动、坚持专注、发散创造的思维品质，体验了自主学习、主动探究的完整过程，并出现了更多合作行为，发展了交往技能。最后，幼儿有了进一步的思考，想到了装栅栏、造马路，进一步丰富了游戏活动。在分享环节中，幼儿思维碰撞，开始计划下一次的挖隧道游戏。

三、总结与反思

（一）玩泥游戏的特点及价值

1. 原生态的自然元素

大自然是幼儿最好的课堂和老师，没有亲近泥土的童年不是快乐的童年，远离大自然的教育不是完美的教育。此次游戏中，幼儿不断探究泥土和水的最佳比例和特件，能够借助模具、砌砖刀等工具尝试砌砖，这对在城市中长大的幼儿来说是难得体会的宝贵经历。同时，这对以直接感知、亲身体验、实际操作为主要学习方式的幼儿具有强大的吸引力。在和泥过程中，泥与水形成的泥浆更加丰富了幼儿对自然的感受，幼儿在泥土中嬉戏的同时也在利用多感官体验泥土特有的质地。

2. 开放自主

泥对幼儿有天然的吸引力，只要我们给幼儿创设玩泥的机会和条件，他们总能自发结伴，畅游在快乐的玩泥游戏中。在泥土区，无须教师的介入，幼儿自创情境，自定主题“建房子”，在泥地里来回穿梭，自由地把玩着泥，获得在开放空间里运动的能力，此外还有探究能力、合作能力。因为自主而全身心地投入，达到游戏目的时随之而来的喜悦又促使他们开启新一轮的挑战，开始尝试挖河道和造桥。

游戏的开放自主还体现在他们可以自主选择去哪个区域玩，玩什么，选择什么工具和材料，开放自主为幼儿的探索提供了源源不断的动力。

3. 游戏时间充足

为了让幼儿投入真游戏，保障他们足够的游戏时间至关重要。有了充足的游戏时间，幼儿才能与环境、材料、同伴深度互动，从而满足他们各方面的学习与发展的需要。游戏前后共经历一个月的时间，从对“建房子”开展探究到“造桥”，幼儿前后在泥土区游戏的次数达到十余次，每次时长不少于一个小时，长时间的深入探究保障了幼儿连续经验的建立。

（二）支持幼儿游戏中的学习

课程游戏化理念指出：老师需要科学观察孩子，正确解读孩子，有效支持孩子。在活动中，我们试着放手，转变身份，做幼儿的支持者、合作者、引导者。在此次活动中，幼儿自信、自主、自发的游戏状态和学习状态感染了我们，同时也不断给我们带来惊喜。（表1）

表1　幼儿遇到的问题、猜想、解决方案及结果

遇到的问题	幼儿的猜想	解决方案	结果
泥土太稀了	水放多了	把水倒掉	失败
	泥土少了	加泥土	成功
墙倒了	搭得太高了；重的砖头把墙压倒了	重新搭，把重的砖头放下面，轻的放上面	成功
挖河道时挖不动	泥土太干了	加水	成功
河道堵住了	挖得太浅了；旁边的泥土掉进河道了	挖深一点；把挖出来的泥土运走	成功
河道坍塌	泥土太松软	造桥	成功
桥不稳	木板太轻；泥土太松软	加重物；换更重的木板	成功

在游戏中，幼儿发现问题，提出猜想，进行验证，解决问题。每一次遇到问题，他们都会激荡出不一样的火花。游戏过程中，我们的责任就是为幼儿提供可攀缘的“鹰架”，关注幼儿的表现与反应，敏感地察觉他们的需要，及时以适合的方式应答，形成合作探究方式的师生互动。当幼儿遇到问题时，我们没有急着去干预，而是提出疑问，引导幼儿制订方案计划，用绘画等多种形式进行表征，提供丰富的材料推动游戏

开展。

（三）深入挖掘课程的价值

游戏中，幼儿将建房子、挖河道、造桥等他们生活中感兴趣的活动迁移过来。对此，我们可以从以下两个方面给予支持。

一是提供多样化的游戏材料。需要依据幼儿身心发展的特点，为幼儿提供一些玩泥工具，比如：泥砖，让他们参与“运泥砖”“障碍跳”等游戏，锻炼他们的平衡能力和跳跃能力；筛子，让他们参与“筛泥”游戏，发展他们的合作能力；盒子等辅助材料，让他们参与“建房子”的游戏。要多投放一些低结构材料，鼓励幼儿自由想象与发挥，创造出更多的玩法。同时，也要根据游戏进行情况，不断调整游戏材料。

二是结合当地特色文化。《3—6岁儿童学习与发展指南》“教育建议”中指出：“运用幼儿喜闻乐见和能够理解的方式激发幼儿爱家乡、爱祖国的情感。”我们可将世界非物质文化遗产、中国民间的传统艺术——泥塑引入玩泥巴活动中，让儿童从小浸润本土家乡文化，促进非遗的传承教育。

“南水北调”

王冰清、缪惠、王梅
年龄段：中班

一、背景与来源

沙水区一直是孩子们比较喜爱的区域。我们幼儿园的沙池与水池靠得很近，中间隔了一棵小树。在沙池、水池边分类摆放着玩沙工具、玩沙材料、海洋球、竹筒、玩水玩具、玩水服等，便于孩子们使用。玩沙区的孩子喜欢用铲子挖坑，将挖出来的沙子用玩具卡车运走，最后再比一比谁挖的坑大。落叶的季节孩子们喜欢挖树叶、埋树叶。根据孩子们的兴趣，我们在沙池中藏了许多贝壳和“宝石”，让幼儿开展“挖宝游戏”。每隔一段时间，我们会投入不同的主题材料，比如：“动物园”主题时，投放小动物的模型、一些树，让幼儿在沙池中尝试空间布局；“我的家乡”主题时，在沙池中投放家乡的建筑模型等。（图 1）玩水区除了探索水流的玩具外，我们还提

图1 玩沙

供了许多的竹筒和海洋球，幼儿会用竹筒搭建出各式各样的桥和高度不同的斜坡，同时为了进行两个区域的联动，孩子们会在老师的指导下进行一些简单的建构和资源的运输。（图 2）

图2 玩水

幼儿的世界充满激情和好奇，他们有很强的心理需求去探索周围的环境，通过跟水、沙这些自然物打交道，他们能尽情地发挥自己的想象，在游戏中展现自我创造力。

二、观察与思考

观察一：如何将水引过来

周四上午，是我们班的沙水游戏时间，孩子们热火朝天地在沙池、水池中挖沙、寻宝、玩水。

乐乐用沙子搭建城堡时，不断搭高的城堡总是坍塌，小雨说："要是有水就好了，沙子加点水就变成了水泥，水泥才可以建房子，不会倒。"乐乐点了点头，他也觉得沙子里加点水才行，他抬起头说："老师，我想去水池里舀点水来，可以吗？"我们回答："可以啊，你去吧。"乐乐腾出了一个装沙的桶去水池边，接了一桶水来，加入水的沙子变得坚固了。（图 3）可是刚搭一会儿，水不够了，乐乐又去接水。沙池里的小朋友看到乐乐接了水，都开始用挖沙的小桶去水池边接水，有的说他们种树需要水，有的说他们的工

图3 把水倒在沙子里

图4 尝试用水桶接水

地需要水来搅拌。水池里玩的小朋友看到他们来了也很开心，让他们排好队。小兰说："你们站好了，现在我们是水站，我们装水给你们。"就这样小朋友们开始了一次一次的运水工程。（图 4）

回到班里，我们请乐乐分享了他们今天的游戏。乐乐说，今天玩沙特别开心，因为他在沙子里加了水，沙子变得更加结实了。以前垒城堡时，城堡垒不高，但加入水后，城堡可以垒高，也更加坚固了。但是，不停地跑去接水太累，玩水的小朋友有时还不让他们接水，还让他们听自己的安排。我们问："有什么方法可以不用跑来跑去，在沙池中也能接到水呢？"小雨说："用座桥把沙池和水池连起来。"孩子们兴奋地喊道："我们自己建座桥。"天天说："我们玩水区架的桥就可以流水。"大家你一言我一语说出了自己的想法，孩子们约定好明天再玩一次。

教师的思考

被一棵小树分割开的沙池和水池变成两个各不相干的游戏区，明明可以融合在一起玩的游戏，孩子们却各自为营。一次简单的尝试，让他们非常兴奋，了解到沙和水融合在一起竟然有这么多新的玩法。而孩子们一遍遍用竹筒、竹子搭建斜坡运海洋球的游戏，也让他们拥有了相关经验，促使他们产生联想。用一座什么样的桥连接沙池和水池？一个有趣、有挑战的游戏主题就此产生了。这正是幼儿与环境及材料充分互动、积极思考的结果。

游戏分享时，我们创设了讨论的机会，幼儿进一步探索了如何将水引到沙池中的计划。他们罗列了许多造桥的材料，但是否适用，还有待实践。沙水游戏是所有孩子们都喜欢的活动，班上的幼儿两年多来已充分掌握了沙"易造型、易变形"的特性，他们之前积累的丰富的搭建经验，是完成游戏计划的强大基础，我们期待着他们即将创造的惊喜。

观察二：竹筒桥的诞生

当天下午，我们和小朋友们一起考察了环境，凡凡说：“老师，这个地方的杂草长得太高了，能不能先把这个草剪短一点？”我们叫来了阿姨帮忙，将沙池和水池的连接处换了个“模样”。（图5）

图5 草坪清理干净了

第一次搭建，小朋友们选择了玩沙工具中的支架、半圆管，凭着以往的游戏经验，他们把最高的支架放在前面，将剩下的支架按照从高到低的顺序排列。雯雯拿了一个红色的支架放进了水池中，并在两个支架之间架上了一个半圆管。雯雯说：“不能一样高，要不然水就不流了，得有个斜坡，水才能流起来。”哲哲看到后叫了起来：“你这样不行，你的斜坡是往下的，水怎么往前流呀。”大家讨论了起来，得出结论，斜坡一定要越来越低，水才能顺着水流往前。（图6）

图6 什么坡度才能引流

搭建到一半，源源说：“老师，支架不够了。”当初购买沙池中的支架，考虑到幼儿园的沙池并不大，所以支架和半圆管买得不多，在沙池中日常搭建小桥是够了，但是现在需要横跨一片小草坪，那肯定是不够的了。我们说：“那你们想想怎么办，有没有可以代替的东西。”心心说：“我们可以用竹子的那套半圆管。”小朋友们纷纷表示赞同，他们搬来了竹筒和半圆的竹片，开始尝试搭竹筒桥。

他们将竹筒按从高到低的顺序排好队，然后开始架半圆竹片。因为草地不平整，竹筒一不小心就倒了，孩子们有些着急了，雯雯皱着眉头说：“你们小心一点，不要碰到竹筒。”小语说：“放竹片时要轻一点，要不然又要倒了。”在大家的努力下，竹筒桥架好了（图7），孩子们很兴奋，他们迫不及待地拿来小水桶开始“通水”，水缓缓流过，但是刚流过三分之一的距离就全漏光了。（图8）“通水”失败，孩子们显得很失望，心心说：“这到底行不行啊？”因为是夏天，小朋友们在太阳下忙碌了半天，早已大汗淋漓，我们带他们回到教室，稍作休息后展开了讨论。

图7 竹筒桥架好了

图8 水流到一半全部漏光

“用一座桥来运水，可以吗？”我们问。天天说：“可以的，我们搭建的桥是从高到低的，水可以顺着桥流下来。”“那我们刚刚为什么失败，有谁发现了吗？”涵涵说：“水都从竹片之间的缝流走了，两个竹片应该连接在一起，水才能流过去。”哲哲说：“我觉得这个竹筒不好，它老是倒，而且高的竹筒和矮的竹筒之间相差太多，两个竹片没办法连到一起。”“有什么解决的办法？”我们问。乐乐说：“我们可以建一个稳一点的桥，就像立交桥一样，下面的桥墩要大一点。”“积木，我们可以用大积木。”于是，我们约定好明天继续去沙水区玩。

教师的思考

虽然幼儿之前有搭建桥的经验，但从未想过“桥是否稳固，材料是否够用”的问题。源源首先发现了已有的支架无法支撑建一座完整的桥，而心心想到了用竹筒来代替支架，却又遇到了地面不平、桥身不稳的情况。

幼儿用两种材料组合建出了一座竹筒桥，但在最后通水的过程中却发现两个半圆片应该连在一起水才能通过。而在游戏分享中，幼儿已经发现了问题——竹筒桥不稳，并提出利用其他更稳固的材料进行搭建。这正是幼儿新的经验的增长，他们经由搭建通水的桥的行动获得了水的流通、桥墩稳固的宝贵经验。

整个过程中，我们基本没有干涉和支招。所有的问题都是幼儿自己发现的，幼儿园材料帐篷中也有足够的材料支持他们解决问题，我们只在谈话分享中引发幼儿观察和思考。可以发现，正是这些问题的逐一暴露，幼儿才一步步更全面地了解一座可通水的桥的基本结构：桥墩、桥面、桥面的连接。

观察三：积木桥的诞生

新的一天开始了，孩子们来到了沙水区准备建一座积木桥。沙水区附近就是小班，小班的阳台上是建构区，那里有许多体积很大的清水积木。孩子们在征得小班老师的同意后，开始搬运积木。雯雯说："你们少拿点扁积木，多拿点高积木。"孩子们搬来了许多圆柱体积木。经过了昨天失败的经验，天天一直提醒大家："那头要高，靠近水池的那边要高。"本来孩子们是用最高的支架放在水池边作为第一出发点，在天天的提醒下，大家发现最前面的两个黄色支架一样高，小语立即拿了一块扁扁的积木放在了第一个黄色支架的下面，斜坡马上就出现了。（图 9）

图9 用积木搭桥

大家一开始倾向于用圆柱体建桥，但因为草地不平，圆柱体的积木放在地上，再垒高的话非常不稳。有一次一个圆柱体倒了下来，砸在了心心的脚上，心心说："啊呀！好疼啊，谁又把积木弄倒了？还是别用圆柱了吧，它老是掉下来。"一向沉默寡言的源源说："下面放长方形，上面再放圆柱形，这样就不容易倒了。”大家再次调整了搭建的方法，桥墩用长方形或梯形，上面根据斜坡的需要放圆柱形。

总结了昨天因半圆片间缝隙过大漏水的失败经验，今天大家将第一个半圆片的尾部与第二个半圆片的前端搭在了一起，保证水不会漏掉。（图 10）一座积木桥就这样搭好了，现在要开始通水了，哲哲用小水桶开始倒水，水流从半圆片上缓缓流过，到接口处，水突然停住了！因为两个半圆片的接口处挡住了水流，我们静静地看着孩子们。突然，雯雯像发现了什么，说：“我知道了，第二个半圆片应该放在第一个的下面，这样水流过接口处时才不会过不去。”大家立即改变了半圆片的连接方式，将后面的一片放在前面一片的下面。再次试验，水缓缓流过，流进了沙池中。孩子们兴奋地大叫：“我们成功了，我们成功了。”（图 11）

图10 再次调整竹片接口处

图11 完整的积木桥

教师的思考

看着他们持续努力，虽然不断遇到困难，却从未想过放弃。在一次次的尝试中，终于有幼儿发现了关键原因：两个半圆片连接的时候，第二片应该放在第一片的下面，桥墩的最下面应该选择面积更大的积木。最终，幼儿以积木代替竹筒、支架，取得了成功。

在这个环节，幼儿频繁地试用各种搭建方法来当桥墩或辅助支撑，表现出了积极主动、坚持专注、发散创造的思维品质，再一次体验了自主学习、主动探究的完整过程，并出现了更多合作行为，发展了交往技能。而他们在自主探究、解决问题的过程中经验更快地被吸收和内化，在建造积木桥时，幼儿有了清晰的目标和建构流程。

观察四：竹梯桥的诞生

感受到了成功的喜悦后，在游戏分享中，孩子们表现得更有信心，对通水后的沙水游戏也有了更多的想法。

我们问："今天搭建的积木桥成功了，你们觉得还有什么地方需要改进吗？"

乐乐说："积木桥如果能变得再稳一点就更好了。"

哲哲说："可以想个办法让积木永远固定在那。"

凡凡说："不行，积木还得还给小班的弟弟妹妹呢。"

晨晨说："积木桥太难搭了，今天忙得我满头大汗。"

听了孩子们的话，我们又问："还可以用什么建桥来解决刚刚的问题，能快速地搭好，而且更加稳固？"孩子们开始讨论，一阵热烈的讨论后，小语的一个想法获得小朋友们的认可。小语说："用梯子和轮胎。"我们晨锻时经常用轮胎和梯子搭一座"平衡桥"，小朋友们对此已经非常熟悉，并且有丰富的游戏经验。（图 12）

图12 晨锻中的"平衡桥"

当天下午我们再次来到沙水区，孩子们去户外帐篷里抬来了梯子，一个梯子的长度不够，又抬来了一个。孩子们把梯子放好后，就去操场边滚来了轮胎。之前的经验告诉他们水从高往低流，他们在水池处用了

两个轮胎，连接处用了一个轮胎，然后把半圆片放在了梯子上。（图 13）

图13 以轮胎增加高度

图14 完整的竹梯桥

成功了，这次孩子们的速度特别快，很快就架起了一座“桥”。（图 14）接下来就是运水，稳固的桥加快了水的运输速度，很快水就流进了沙池中，一滴水都没有漏，孩子们开心极了。当水欢快而下的那一刻，孩子们激动地拍起手来。（图 15）

图15 顺利“通水”

教师的思考

这一次搭建竹梯桥，根据前期经验以及材料的方便程度，幼儿搭建得又快又省力，搭建的桥也是最稳的、水流速度最快的。实际操作、亲身体验的过程得到快速内化，在一次又一次的实践中，幼儿不仅发展了建构技能，并且积累了对材料特性和桥梁结构的科学认知，激发了幼儿对多种材料和工具的使用和探索意识，产生了无数个“哇”时刻！

三、总结与反思

（一）在观察中发现

《3—6 岁儿童学习与发展指南》中指出：支持幼儿与同伴合作探究与分享交流。孩子们在游戏中大胆尝试、主动探究，体验解决问题的快乐和发现秘密的乐趣。通过4次持续性观察，我们发现竹筒、竹梯等材料非常受孩子们的喜欢。孩子们在游戏的过程中有着良好的学习品质，比如专注，乐于去探索、挑战有难度的事物，还能不断地进行调整、改进，想办法去解决遇到的问题，且持续时间长。孩子们能结合已有的生活经验进行迁移，让竹管玩法有一个连续递进的学习发展。幼儿能按照自己的想法不断拼搭、创新玩法，在游戏中孩子与材料互动，他们的语言表达、空间方位、人际交往、科学探究等能力都有了很大的提升。更重要的是在游戏中孩子们学会了观察、比较和自我创造的能力。

（二）在发现中深思

持续性观察也引起了我们的深思，教师应做的不是拘泥于让幼儿去探索结果，而应当和幼儿一起去享受在探究中发现问题、解决问题的过程。他们在探索的过程中不畏惧困难，勇于积极地去探索、发现。作为教师，我们可以让孩子在自主探索中获得更多的学习，我们要学会耐心等待，发现惊喜，保持和孩子一样的童心；我们要观察幼儿、了解幼儿，提供适宜的材料，最大限度地支持和满足幼儿，让幼儿通过直接感知、实际操作和亲身体验获取经验。

（三）在深思中感悟

在日常活动的过程中，我们一直都在关注孩子的个性发展，但是做得越多，越忽视了最接近孩子们喜欢的“天然玩具”。喜欢玩“沙子”“水”这件事就最大限度地呈现了孩子们的兴趣，它就是一个关键性事件。作为孩子的引导者，我们应该追随孩子的兴趣，支持孩子们把沙水活动玩得更精彩。

沙地里建公园啦

陈芳

年龄段：中班

一、背景与来源

糖糖、多多、乐乐在沙水区挖了一个大大的坑洞，说“这是古渡公园的鲤鱼池”。毛毛说：“大鲤鱼旁边有弯曲的桥。”“我们可以在沙地里建公园呀！”“我搭门楼，在建构区我搭过。”“我搭过银铃塔。”每个孩子心中都有一个公园梦，能否成功地在沙池玩建公园游戏，孩子们决定试一试。建什么、怎么建，是孩子要思考的问题。他们找来了瓜洲古渡公园的景点图片，在简单的准备过后，开始主题构建。他们设计的公园图纸里有门楼，有桥，有河，有房子，有亭子……大家通过投票的方式挑选出最心仪的设计图。

中班的孩子有自己的想法，他们能够在老师的指导下对照设计图现场做标志、收集材料，相互学习。他们会从建构区找来木板，从百花园找来树枝，从材料区收集支撑架、盛水的盆、模具，会为换雨鞋搬来小凳子，会把挖洞的沙堆放在一起，用拍打压实的方法让一座小山初具成型。

二、观察与思考

观察一：公园里有一座坚固的门楼

第一次：糖糖将一块积木竖着放在沙子上，在对面也竖着放了一块积木，接着分别在两块积木上各加了一块竖着的积木，两边的柱子搭好了。她拿来一块长木板和一块短木板，将长的木板平放在柱子上，又轻轻地将短点的木块竖放在长木板上。糖糖的公园大门搭好了！可就 5 秒钟，刚搭好的大门自己倒掉了。糖糖面对倒塌的门楼说：“为什么会倒呀？我在地上就这样搭的也没倒啊？怎样才能不倒呢？”带着问题，糖糖看向一旁的彤彤，看见他正在用支架建护栏。

第二次：糖糖似乎有了启发，她快速地跑到材料筐前，拿了一个耙子跑回来。她蹲在倒下来的积木旁边，把散落的积木推到一边，拿着耙子在沙子里挖了一个浅浅的小坑，把积木竖着放了进去。地基做好了，糖糖重复第一次的搭建，这次搭建比较顺畅，不一会儿大门搭好了！乐乐从大门旁边走过，有一点点接触，大门再一次倒了！

第三次：糖糖有些生气，一直关注糖糖搭建大门的涵涵走过来说：“糖糖，你这个大门不够结实，下面需要加固，我来和你一起搭！”只见涵涵熟练地用铲子挖了一个深一点的坑，将两块木块分别竖放进坑里，将沙子压实。糖糖照着涵涵的方法在右边也做了木墩。涵涵说：“一层不稳，我们在上面放两块积木吧！”两人一起搭好了大门。（图 1）

图1 搭建大门

教师的思考

《3—6岁儿童学习与发展指南》提出，要“认真对待幼儿的问题，引导他们猜一猜、想一想，有条件时和幼儿一起做一些简易的调查或有趣的小实验”。糖糖在三次搭建门楼的过程中，根据已有经验进行搭建，发现沙地和平地的场地不一样，搭建的方法也不一样。第一次搭建的失败让她获得挖坑填埋的经验，第二次和第三次的组合、填埋、压实让门楼更加稳固，她的经验也一点点积累起来。本次是沙地游戏和建构游戏第一次结合，也是孩子初次进行尝试。没有地基的建筑注定失败，不能将深奥的建筑原理告知孩子，我决定追随孩子的兴趣逐步开展下去。游戏开始了，不出意料以失败告终，但是孩子们没有气馁，积极地寻找失败的原因，并通过讨论制订下一步的游戏计划。门楼从单一的垒高，到同伴间分享经验一起改进，幼儿在此过程中体验学习的乐趣。

观察二：可以用沙来堆一座宝塔吗

甜甜拿来了方形和锥形的模具，在空地开始了建塔工作。她首先将方形模具扣立在地上，将旁边的沙往里倒。沙满了，她用手压了压，提起模具发现沙堆随即坍塌了，并没有保持自己想要的造型。旁边的西西说：“用湿的沙子，我之前试过的，成功了。”甜甜说：“好吧，我用你的方法来试试。”甜甜和西西一起在沙池的角落开始挖深坑。（图2）很快他们需要的湿沙大面积地露出来，他们用小桶将湿沙倒进模具，用同样的方法压紧压实，堆起了宝塔。这次的宝塔很结实，风也不易吹倒，路过的一个小朋友停下来看了一下。甜甜说：“请退后，你会碰倒我们的宝塔的。”“怎样保护我们的宝塔呢？”他们看看正在搭围栏的星星，看到他手里的黄色支撑架，说：“我们也用它做围栏，留一个口子，这样他们就不会闯进来了。”说干就干，他们将支撑架围了一圈，又用木块敲击了一下支撑架。（图 3）架子埋在沙子里稳固多了，看来这个办法确实有用。

图2 挖出湿沙

图3 用支撑架进行围合

教师的思考

《3—6 岁儿童学习与发展指南》中科学领域目标指出，4—5 岁幼儿要“常常动手动脑探索物体和材料”。甜甜第一次用干沙进行宝塔塑形过程中，发现干沙容易散、不易成型；第二次运用湿沙压实倒模的方式容易成型，得到自己需要的造型。在活动中知道自己要做什么、该怎么做，幼儿在整个活动中的表现是令人惊喜的，他们在整个活动中的坚持和投入让人惊讶，活动所取得的成效超出我的预期。这种边引导、边学习、边尝试的形式，幼儿很容易接受。简单的湿沙塑形并不能满足中班幼儿玩沙乐趣，待宝塔塑形后，教师可以和孩子们进行讨论：如何制造湿沙？一种是喷洒水而湿透的沙子，是可以用来塑形的，可供幼儿使用各种材料向下挖、埋、填，向上堆、切和塑。还有一种就是使用管子等工具直接将水流引入沙池，水流不断，出水口慢慢形成水坑，引发幼儿使用手扒、棍挑、掀挖，进而更加深入地引发幼儿挖沟、架桥、造路、植树……形成持续不断的探索活动。幼儿搭建银铃塔的时候，我们需要提供辅助性材料，如硬直尺、细树枝、塑料刻刀等，鼓励孩子搭建好后在上面进行一些雕刻、装饰，大胆进行艺术创作。

观察三：修一条平坦印花的路

连接的路面怎样看起来更加明显？孩子们建议把路抹得平整些，路两旁栽上树。糖糖说：“古渡公园的路上还有花纹呢，我们找东西来在路上印上花纹吧！”怎样铺平整呢？孩子们尝试用耙子推，发现路面留下了一条条竖线；第二个方法是用短木板平推（图4），这个方法不错。糖糖和安安一起左右开弓，从门楼方向往后延伸，果然，一条平坦的路面造出来了。糖糖拿来了小树枝插在路边，笑着说：“这条路漂亮了！”安安建议路上铺上鹅卵石，可沙地里的石头不多，甜甜拿着圆锥桶压在路面上，一个圆圆的印痕留了下来。（图5）大家用不同的积木一按一压，很快地面的花纹多出了很多，一条印有花纹的路面做好了。

图4 用木块的面推

图5 装饰路面

教师的思考

孩子们为修一条平坦、漂亮的小路，也是经过思考的，他们在生活中看烘焙师用刮刀轻轻地修饰奶油，尝试用木板代替刮刀，用横竖推的方式，让凹凸不平的路面看起来更加平整。路面的装饰，孩子们用树枝扦插，用镂空的玩具进行印刻和拓印。在沙水区可以为孩子们提供原材料、半成品和成品材料，让幼儿充分发挥想象力创作自己喜欢的作品。其中“敲敲印印”的印制活动，因为材料简单，轻轻一按就能绘制各式各样有趣好看的图形。

观察四：我们给公园造桥啦

1. 平面的桥（桥面、桥墩的选择）

星星看着图纸，对萱萱说："我们负责搭桥。"星星看了一下材料筐，拿了一块长木板直接平铺在了沙坑上面。星星正看着自己搭的桥，这时，萱萱说："我可以走这座桥吗？"星星还没有说话，萱萱就走上了桥。（图6）桥板往下陷了一下，木板下的沙土松散了一些，掉进了坑洞。"不行不行，你看桥都快要塌了。"星星大声说。萱萱说："桥不牢，就一块板子，没有桥墩。"星星走到材料筐旁，拿来了连接管道的连接架，说："这个材料可以当桥墩，我们来试试吧。"萱萱和星星挖开沙，将支架的底座埋在里面，又用手和脚压实，把木板铺在了桥墩上面，并且试了一下，可以通过。

图6 走上小桥

"星星，你走在桥上面觉得怕吗？下面都是水，桥需要再添点什么呢？"我问。"我知道，我知道，可以在桥的两边加上护栏，就不会掉下去了。"舟舟大声地说。"那我们再去拿些短木板和小积木过来吧。"欣欣说。很快孩子们把材料铺了两行，桥面铺成了两块积木板。接着星星和萱萱找来小的方块积木平铺在了桥面上，舟舟把小的方块积木竖着排列做成了护栏，一座桥完成了。

2. 弯弯的桥

在桥的旁边还有三个洞，孩子们找来了长短不一的木板（图7），用弯道旋转连接的方法造了两座有护栏的桥。他们不断地调整桥栏的间距（图8），用脚踩实桥墩的沙。（图9）他们注意到小路、小山坡都有小树，于是也开始布置绿化了。（图10）

图7 架木板

图8 调整桥栏的间距

图9 用脚踩实沙

图10 用枝条做绿化

教师的思考

建构的过程中，星星小朋友有极强的创造力，能计划构建的先后顺序，会与其他小朋友沟通交流，通过观察比较桥面与桥墩连接的方法发现问题，在讨论中能找到初步的解决办法。通过实践活动，孩子们积极、投入、专注，勇于想办法解决问题，发现多人合作活动既省时又省力，但这种形式解决了人员不足的问题，却不能兼顾孩子们的兴趣。公园建构对幼儿来说充满挑战性，教师通过引导性问题“需要几个场所”“在哪做”“用什么做”“怎么做”激发幼儿与同伴合作探究的欲望，也帮助幼儿回顾自己的探究过程，明确下一步要怎样做。

三、总结与反思

玩沙是一种创造性游戏，在游戏中，我班的孩子渐渐从无目的无主题地玩沙向主题式玩沙转变。（图 11）我们捕捉到了孩子合作、相互学习的精彩瞬间，他们在尝试失败的同时接受失败，寻找解决问题的方法，这对每个孩子的成长都是有益的。在这一过程中，幼儿不断地获取新经验，始终保持积极探索的好奇心，敢于提出问题，在和同伴一起思考、讨论、实践中获得解决问题的能力。

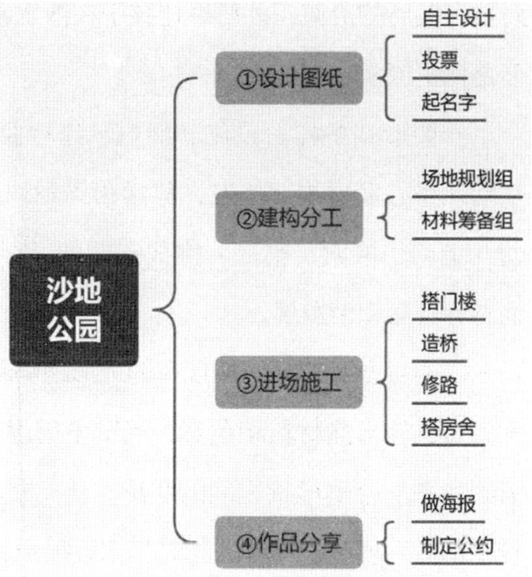

图11 沙地公园的活动脉络

（一）尊重幼儿的意愿，提高幼儿解决实际问题的能力

回顾整个游戏，我们发现幼儿是一直在变化的。每次活动前虽然我们都制订计划，但是在实际操作的过程中总会出现各种问题，幼儿不断地思考和探索，想办法解决，并尝试进行验证。主题公园游戏让幼儿利用各种不同的材料，在触摸、玩弄过程中主动发现、大胆探索，积累深浅、干湿、多少、大小、对称、空间概念等不同的认知经验，分享与合作，尝试开拓与创新，体验成功与挫折。教师提供材料、时间和空间，引导幼儿不断地尝试、调整，再尝试、再调整，鼓励幼儿发现问题、讨论问题、解决问题。在整个活动中，教师充分尊重幼儿的意愿，帮助幼儿梳理关键经验，将活动引向更深层次。

（二）追随幼儿的兴趣需要，创设玩沙自主游戏的学习环境

幼儿园沙水游戏的组织，需要教师从游戏内容选择、材料提供和教师指导、多元评价等四个方面进行优化，才能最大可能地发挥沙水游戏

对孩子发展的价值，才可以让孩子在沙水游戏中不是重复、无效地活动，而是自主探索获得经验。

一要形式多样。设施、器械、建材要安全、环保，有年龄层次性。从幼儿身心发展规律出发，科学布局规划，创设丰富多样的区域，满足幼儿运动、探索、交往、挑战的需要，促进幼儿身体、认知、社会性、情感等全面和谐发展。

二要生态适宜。依托现有的地形地势和自然条件，利用水、草、沙、木、石头等自然材料和色彩，当孩子用湿的沙子制作模型时，他们会领悟到沙子与容器形状之间的联系。我们在沙池里铺设了防腐木栈道，架设了木桥，孩子在玩沙的同时，体验行走、攀爬的乐趣。

三要材料开放。户外的设施、区域和材料由幼儿参与创设、收集，所有的材料按不同的标识开放式地放在储物架和整理箱内，幼儿喜欢玩、随时玩、多形式地玩、有趣地玩。游戏的场景可以因需要而改变，游戏的伙伴可以自由结识，满足他们个性需要。

四要管理自主。只是相对合理地划分各功能区域，放手让幼儿自主取放户外材料，教师和保育员做幼儿活动的支持者和合作者，让孩子的学习、运动和挑战能随时发生、发展。

（三）充分挖掘沙子的教育价值，提高幼儿综合能力

玩沙作为一种没有固定玩法的自主游戏，给幼儿提供了淋漓挥洒想象力和创造力的空间。在孩子们的手中，沙子和水能建成各种各样精美的建筑。当他们按照自己的想法建城堡、建雕像的时候，创造力便体现在一个个作品当中了。玩沙还有利于培养孩子对美的感受力和鉴赏力，在作品完成之后，他们便开始对自己的作品进行艺术的鉴赏。在这个游戏环境中，对美的感受和鉴赏完全是自发的、主动的，自然本身的魅力在幼小的心中埋下美的种子。

“蓝海大桥”落成记

王骥、步婷婷

年龄段：大班

一、背景与来源

夏日炎炎，无水不欢，幼儿园里的戏水池成了孩子们最爱驻足的地方。他们有的在结伴钓鱼，有的在进行水流实验，还有几个孩子坐在水池边上聊着天。我们走近他们，问他们在聊些什么。一一说：“我们想造座桥。”“造桥？这不是有座桥吗？”我们问道。乐乐说：“这座桥太小了，我们想造一座大一点的桥，可以从这边走到那边去。”“造桥？你们要造桥？”点点、可可、金豆也围了过来，表示要加入其中。于是，一个关于“桥”的故事便由此开始了。

二、观察与思考

观察一：造桥之初准备

有了造桥的想法后，孩子们拍摄了水池的现场图，回到教室里忙碌起来。他们找来了“桥”的图书，了解、讨论得出结果：造一座简单的桥需要有桥面、桥墩。于是他们分工合作，金豆和乐乐、点点负责寻找材料，一一、可可负责画图纸，大家兵分两路。找好材料、画好图纸，孩子们在建构区尝试建造“桥”的模型。在选择“桥墩”材料时，孩子们首选了纸杯，但是很快一一提出了意见：“纸杯太小了，会倒，放到水里会烂。”接着，他们讨论用薯片罐来代替，金豆提出了反对意见：“薯片罐高，会倒。”“这里还有奶粉罐！”金豆高声叫了起来。（图1）孩子们在比较后发现，奶粉罐比较“胖”，更稳固，看起来也更像“桥墩”，于是一致通过用奶粉罐做“桥墩”。

图1 模拟建桥选取“桥墩”材料

图2 测量水池

选好了“桥墩”的材料，可“桥面”用什么做呢？乐乐说：“可以用木板来试试！”可是要用多长的木板才够长呢？一一说：“我们量量就知道啦。”“怎么量呢？”乐乐问。“我们可以用尺量，之前和安安在木工坊锯木头就用尺子量的，我带你们去！”金豆说。在金豆的带领下，孩子们在木工坊找到了卷尺，来到戏水池边，开始测量水池的长度（图2），并在卷尺上做好了标记。孩子们根据卷尺上的数字确定了需要的木板的数量。

教师的思考

孩子们“造桥”不是贸然行动，前期的准备做到了有商有量、分工合作。每一步都体现了孩子们的计划性、合作性，体现了良好的社会交往能力。当遇到为“桥墩”选择合适的材料时，孩子们边讨论边调整，勇于表达自己的想法，也善于接受他人的意见，具有了初步的探究能力和合作意识。在遇到“桥面”长度问题时，孩子们通过经验迁移，知道去测量水池的长度，并根据卷尺量出的长度来选择木板，这给了我们极大的惊喜，说明他们具备了使用标准性测量工具的能力。孩子们这一系列有条不紊的准备行动，与他们平时的游戏经验有着紧密的关联，游戏中一点一滴的积累在不知不觉中提升着幼儿各方面的能力，这也正是游戏赋予儿童的力量。

观察二：木桥之初具雏形

第二天，孩子们拿着图纸和材料来到了水池边。一一、可可、点点负责造“桥墩”，他们将奶粉罐沿着原有的小木桥的方向向桥对面延伸摆放。突然，一一发现之前放好的奶粉罐浮了起来，她用手把奶粉罐往下按，可是手松开后，奶粉罐又浮起来了。（图 3）她赶紧把小伙伴们都喊了过来。金豆看了后说：“想办法让它变得重一点，它就不会浮起来了。”乐乐说：“可以放点石头，这附近就有。”于是，一一、可可、点点用奶粉罐装水（图 4），金豆和乐乐去附近找到很多鹅卵石装了进去。这次，奶粉罐没有再浮起来。

图3 发现奶粉罐漂浮

图4 用奶粉罐装水

金豆和乐乐将木板放在奶粉罐上，木板有粗有细，粗的就放一根，细的就放两根。放好后，两个人还用手在木板上按了按。乐乐说：“不行不行，这边细的木板会掉呢。”金豆说：“是的，我们都用这种粗的吧，粗的更稳，不会掉。”于是，他们又重新换上了粗木板，“木桥”初具雏形。（图5）孩子们试走后发现“木桥”摇摇晃晃的。（图6）怎样才能变稳呢？几个人又开始研究了起来。他们首先尝试增加奶粉罐数量，但依然不够稳。在观察了旁边已有的木桥后，孩子们发现要让“桥面”更宽，才能使桥更稳。怎样才能使“桥面”更宽呢？他们决定寻找新材料。

图5 摆放“桥面”

图6 尝试在“桥”上行走

教师的思考

当一一发现奶粉罐会漂浮时，她先自己想办法试了试，结果没有成功。这时她及时寻求同伴帮助，金豆提出让奶粉罐变重的想法，说明他有科学探索的经验，知道并能理解物体沉浮的原理，并运用到生活中。当乐乐听到增加奶粉罐的重量这一方法后，立即想到了附近的石头，说明乐乐平时注意观察身边的事物。在遇到同一问题时孩子们的反应不同，能看出他们之间发展的个体差异。我们对此进行了记录，方便在以后的活动中做个性化指导。发现“桥”不稳时，他们首先通过增加“桥墩”的数量来解决问题，这说明孩子们初步了解“桥”的稳定性和“桥墩”有着一定关系，后来通过观察原有的木桥，发现更宽的材料做“桥面”才更稳固。孩子们的表现太让我们惊喜了，他们会从生活中的事物入手，观察、比较其特性，并商量合作解决困难，寻找新的路径。

观察三：寻找材料再造桥

孩子们多次寻找材料未果，来寻求帮助。我们带着他们来到仓库，一番搜寻后，他们惊喜地发现了废旧的床板。

用床板搭建的“桥面”建好后，孩子们发现了新的问题。虽然“桥面”够宽了，但床板有缝隙，踩上去下沉变形，依旧不够稳。“这个有缝的地方踩上去还是不稳。”金豆说。乐乐蹲下把一个奶粉罐往缝隙处推了推，再用脚踩了踩说：“这样好像可以了。”（图7）于是，小伙伴们用了乐乐的方法，用更多奶粉罐来加固，在大家的共同努力下，一座又宽又稳的“木桥”完工了。

图7 调整奶粉罐填补空隙

教师的思考

孩子们发现“桥”缝处不稳，用增加奶粉罐及调整位置的方法，增强“桥”的稳定性，说明他们具有很强的观察能力以及对可能存在危险的判断能力，同时对物体的位置的改变与空间改变的联系有了一定的认知。在第二次寻找材料的时候，孩子们向我们寻求帮助，但我们并没有直接告知，而是带着他们一起寻找。这次的寻找也带给我们新的思考，一切东西都有可能成为孩子们的游戏材料，是否可以将一些无法摆放在资源库里的材料用图册或者电子目录的形式呈现出来，方便幼儿寻找、使用。

观察四：无法通行再改造

“桥”建好了，孩子们实现了愿望。可是，“桥”很快引起了其他小伙伴的不满，天天说：“你们这个‘桥’把水池分成了两半，我的船都划不到那边去了。”原来因为“桥”横跨了整个水池，将水池一分为二，两边不能通行了。造“桥”小分队再次讨论，决定把“木桥”建得高一点，下面有“桥洞”了，“船”就可以通行了。于是，他们尝试将奶粉罐垒高，增加“桥墩”高度，但垒高后的奶粉罐很容易倒。什么材料可以垒高又不容易倒呢？他们四处寻找，金豆在野战营里发现了轮胎，大家一致决定用轮胎代替奶粉罐。每个“桥墩”使用两个轮胎。（图8）“桥”的高度增加了，可是孩子们却不敢上“桥”了。

图8 用轮胎垒高做“桥墩”

图9 合作绑护栏

金豆指着水池边原有的木桥说：“我们可以加上这样的护栏，就不怕掉下来了。”孩子们找来了麻绳和细木条，一一用麻绳绑在了“桥面”的边缘。完成后，他们发现护栏并不稳，一碰就摇摆。于是几人又尝试了第二次绑定，但结果还是一碰就倒。（图9）

我们引导他们：“只固定一个点会倒，你们可以尝试固定两个点或者三个点。”为了让孩子们更直观地了解，我们还找来几根树枝演示给他们看。乐乐说：“有了，我们把栏杆的另一边也绑在什么东西上面，不就有两个固定点了吗？”点点说：“可是另一边绑在哪里呢？轮胎也不好绑呀。”“可以把木条钉在轮胎上，应该很稳。”金豆说。金豆的提议得到了大家的认可，他们从木工坊拿来了锤子、钉子、手套等工具，开始钉木条。（图10）可是木板

图10 尝试将栏杆钉在轮胎上

太硬了，孩子们试了半天也没有成功。就在一筹莫展之时，金豆提议：“我们找保安爷爷帮忙，教室里的柜子坏了都是他们修的。”在保安爷爷的帮助下，孩子们成功地将木条钉在了轮胎上。（图 11）之后，他们将麻绳绑在了每根护栏之间（图 12）。

图11 请保安爷爷协助

图12 用麻绳绑定栏杆

教师的思考

孩子们从寻找材料增加“桥墩”高度，到建造“护栏”，再到寻找更稳定的加固方法的过程，可谓一波三折。但他们迎难而上，勇于探索。当“护栏”固定出现问题时，我们及时介入，因为这已经超出了孩子们的现有经验和知识储备，但我们没有急于将答案告诉他们，而是用现场演示的方式让孩子们了解物体稳定的原理，最终如何去解决还是由他们自己去商量。在遇到钉子钉不进时，孩子们迁移生活经验，请来了保安爷爷帮忙。这里可以看出幼儿园的任何人都可以成为孩子们的老师，是孩子们可以利用的资源，帮助他们解决问题，构建新的经验。这个阶段，他们经历了“发现问题—商量方案—付诸行动—出现新问题—调整解决方案—再次尝试实践”的探索全过程，体现了很好的观察能力、探究能力、社会交往能力。

观察五：木桥通行新模式

“木桥”开始试运行（图 13），可结果却不如人意。“船”在“桥”下通行没有问题，可是如果“船”上有人就无法通行了。孩子们思考了起来，垒高轮胎、拆掉一半的方案都遭到了否决。

图13 “木桥”试运行

我们试探性地问：“‘桥墩’不能再加高了，那桥板可不可以换换样子？想想小猪佩奇游览‘伦敦塔桥’的故事。”突然，一一边说边唱起了《伦敦大桥垮下来》。金豆一听：“我知道了，伦敦塔桥的桥面可以抬起来，让大轮船通过。”最终，他们决定把中间段的“桥面”的固定绳拆开，在两端绑上绳子，需要通行时，拉起绳子抬高“桥面”，通行后再放下。（图 14）为了验证猜想，孩子们进行了“抬桥”实验，收紧长绳，“桥面”成功抬起，孩子们可以坐“船”从中间通过。（图 15）测试成功，孩子们欢呼了起来！

图14 尝试抬高“桥面”

图15 尝试通行

新的“大桥”终于落成，孩子们给它取名为“蓝海大桥”，他们在“桥”上玩起了水面漂流，开起了“水上市场”，晒起了“日光浴”，还遴选了“大桥通行长官”，负责管理“大桥”。“蓝海大桥”的建成给这个夏天增添了色彩，给孩子们带来了快乐。

教师的思考

看到孩子们再次陷入困境，我们适时介入，及时引导，迁移伦敦大桥的经验，让孩子们去联想，发现可能性，在实践中验证想法，取得了成功。这次的成功对于孩子们来说是一个全新的体验，他们学会了借鉴他人成功的经验去解决当下的问题，从而内化成自己的经验，这也是孩子们在游戏中收获的新的学习能力。

三、总结与反思

（一）以兴趣为起点，不断构建经验

本次游戏源于孩子们“一拍即合”的想法，不断出现的新问题形成问题链，支持着儿童不断地探索。活动经历了四次搭建、四次调整，孩子们在一次次尝试中找到了最适合的材料，发现使“桥”稳固的秘密，创新了“桥”通行的新模式，通过观察实践、分工合作、寻求成人帮助，最终完成目标。兴趣一直支持着孩子们勇敢实践，一路向前，他们也在不断探索中构建了新的经验，获得成功感，感受到科学探究的乐趣，体验到它可以帮助我们解决很多生活中的问题。

（二）以经验为基点，获得全面发展

在游戏中，孩子们基于已有经验解决了确定“桥”的长度、奶粉罐漂浮、增加扶手等一个个问题，让设计图上的“桥”，成为一个具有功能性的真正的桥。他们在观察、讨论、选材、搭建的过程中发展了空间建构能力，获得了相关的经验，提升了审美情趣。同时，孩子们在前期准备、攻克难题时表现出的分工合作，是源于浓厚兴趣的自发牵手，体现了高水平的交往能力和团队合作力。这些都是基于幼儿在游戏中所获得的点滴经验的碰撞与积累，他们将这些经验运用迁移到新的学习活动中，

从而获得全面的发展，形成终身受益的学习态度和能力。

（三）准确定位角色，和幼儿一同成长

在幼儿的游戏中，我们始终以“儿童在前，教师在后”的理念参与其中。我们常以观察者的角色，观察、记录游戏中幼儿的发展，分析他们的行为。在他们需要帮助时，我们以游戏者的身份参与其中，帮助孩子们一起寻找游戏材料。当他们遇到超出现有经验和知识储备的难题时，我们及时引导，引领孩子们举一反三，自己去找寻答案，为他们搭建学习的支架。在孩子们获得成功时，我们和他们一起欢呼。孩子们带给我们一个又一个的“哇”时刻，让我们看到游戏给孩子们带来了无穷的力量。

（四）搭建学习支架，支持幼儿发展

游戏进行到这里，并没有结束。孩子们的创意还在继续，他们还想在水池里造水上游乐园，不仅有桥，还要有水滑梯、互动水屋等。我们将为他们提供PVC管、滚筒、铁架等材料，为幼儿的学习搭建支架，聚焦幼儿深度学习，支持幼儿向更高水平发展！

第五章

建构的创想

幼儿园建成记

单钰、张明霞

年龄段：小班

一、背景与来源

“我们这里是幼儿园吗？”“为什么和我姐姐的幼儿园不一样呢？”“我的哥哥在这里上小学，我送过他。”“这里怎么没有大滑滑梯呢？”……散步的时候，幼儿针对现在的幼儿园提出了各种问题。“老师，我爸爸昨天带我散步路过了新幼儿园。”“我在公交车里也看见了，奶奶告诉我的。”“我们可以去看看那里吗？”一番讨论商量后，我们决定去新幼儿园看看。

到了新幼儿园，孩子们蹦呀跳呀，小溪高兴地指着操场说：“这个操场有好看的颜色，还有山坡！”梓梓脸转过来说：“还有连着的大滑滑梯呀！”忽然晨晨大声喊起来：“快看，这是什么地方啊？有高高粗粗的杆子。”桐桐说：“和小学哥哥姐姐操场那个很像的。”原来这是升旗台，孩子们你一言我一语地说道：“我们回去也建一个新幼儿园吧！里面什么都有。”“好，好，好……”

二、观察与思考

观察一："新幼儿园里有操场"

区域活动时间到了，桐桐、梓梓和晨晨来到搭建场地，搬出收集的建构材料：清水积木、牛奶杯、小树等。桐桐说："昨天进幼儿园就看到好看的操场了，我们先建操场吧！"其他小朋友点点头，桐桐一声不吭地拿着清水积木，一块一块小心翼翼地在地上围起来，而旁边的梓梓拿了5块积木接在桐桐的积木旁。（图1）一会儿，梓梓退到远处"观察"了一番，又立刻把一块积木拿掉了。

图1 梓梓小心翼翼地围搭

图2 梓梓拿来泡沫垫

梓梓拿来藏蓝色的泡沫垫，晨晨问她："这是什么，放哪儿啊？"梓梓没有说话，她把地垫放在围好的积木中间（图2），发现太大了。他们站在"操场"前面看着我们。我们问："怎么啦？这是我们的新幼儿园吗？"桐桐点点头回答："老师，你们记得操场吗？这个垫子太大了。""那你们想操场变大还是变小啊？"我们试着询问。梓梓抢着说："要大的，这样还可以放山坡和滑梯！"这时晨晨走过来，说："先放垫子，再放积木吧。"大家重新搭了起来。桐桐先把地垫放平，晨晨把积木往外挪了很多，告诉桐桐可

图3 操场建好了

以放了。桐桐把地垫放进去，这下积木离地垫有些远了，梓梓说：“操场边上还有山坡和滑滑梯的，空着。”晨晨和桐桐同意了，就在空的地方搭山坡、滑梯。至此，操场建好了（图3）。

教师的思考

孩子们对新幼儿园十分向往，于是在建构区搭建起来。桐桐和梓梓的“幼儿园操场”选择的主要是积木，将它们进行围合。桐桐记得操场的颜色，用地垫充当操场，很好地发挥了想象，找到了满意的替代物。当孩子们遇到围合的面积比地垫小的问题时，通过求助老师、反复尝试大小，终于发现留好足够的空间才能放下地垫，有了余留位置的意识。最后他们发现留的地方大了，能想到还有其他设施可以加入建构，是很好的活动延续。

本次活动中，我们没有过多介入。小班孩子喜欢建构游戏，但受年龄、经验、技能等一些因素的限制，多数孩子只会独自摆弄材料。孩子们自由选择材料、自由拼搭，模仿建构新幼儿园，在拼拼搭搭的过程中，围合的经验得到了积累，并且多次尝试不放弃，可见兴趣就是孩子最好的老师。

观察二：“新幼儿园里有高楼”

围建好的空地上，小溪加入搭建，要给幼儿园建“高楼”。（图4）小溪用清水积木独自搭着，不知怎的，只听“哗”的一声，还没建好的高楼倒塌了。（图5）小溪并没有沮丧，反而兴奋地说：“搭得太高了，倒了！”看到此情景，我们说：“高楼没建好就倒塌了，太可惜了。”小

图4 小溪加入搭建

溪先拿起一块积木竖放在地上，接着又拿第二块，把第二块的边和第一块的边慢慢地对齐，然后轻轻地松开双手，接着又去拿第三块，还想用同样的方法将第三块放在第二块上面，正想转身，高楼就倒了。梓梓在一旁用横放垒高的方法搭建了四层高楼，听到倒塌的声音，立即转身看着小溪，说："我是这样搭的，没有倒。"另一边，晨晨也用梓梓的方法将积木十字交叉对齐往上垒高。（图 6）

图5 高楼倒了

图6 尝试各种搭法

晨晨又喊梓梓来帮忙，梓梓坐在一旁用手扶住快要倒塌的高楼。（图 7）当垒到第 11 块的时候，高楼还是倒塌了。（图 8）晨晨性子急，跑过来拉我们过去："老师，怎么办呢？楼总是倒。"小溪坐在地上停了许久，突然惊喜地说："清水积木不一样，有大的，有小的。"我们看了看，装作为难的样子，说："大的大、小的小，怎样才不会倒呢？"

图7 晨晨垒高，梓梓扶着

图8 高楼倒了

小溪从积木堆里找出一块最大的放在地上，又找出一块和它一样大的并列放好，其他三个幼儿也从一堆积木里一一挑出了大的递给小溪。

孩子们再次投入搭建，晨晨去和其他小朋友交流，小玮加入，每放一次积木，就仔细地让积木“对对齐”。这样，楼底部稳了，也变高了。（图 9）不一会儿，他们拍手欢呼起来：“老师，看我们的高楼好高呀！”（图 10）大家笑眯眯地看着，不停地用手比画着：“这里是我们小二班，这里是洗手间……”

图9 底部对齐，搭高了

图10 高楼搭好啦

图11 搭建山坡和滑梯

桐桐在搭建山坡和滑梯，找到了三角形清水积木做滑梯面，山坡用方形积木垒高。（图 11）她和小玮说：“这是操场上的，我们看见了。”小玮想了想，问道：“老师，高楼可以在一起吗？”我们说：“我们去新幼儿园的时候你看见它们在一起了吗？”梓梓挠挠头：“没有，是围着别的东西的……”她有了办法，就和小伙伴继续搭建了。

教师的思考

建构游戏中的积木，对小班孩子来说特别有吸引力，孩子们表现出了强烈的操作兴趣。由于年龄的限制，在操作初期，游戏缺少新意；游戏中搭建物的倒塌，反而刺激了幼儿，他们感到格外兴奋。“为什么会倒塌？”“怎样解决？”小班幼儿对游戏中出现的困难，首先想到的是求助老师，表现出了初步的自我解决的调控能力。在构建滑梯的组合中，桐桐发挥想象，能利用三角体有一面像滑梯进行组合，让我们感到很惊喜，这是幼儿“以物代物”的关键经验。此过程中，我们也管住了自己的手和嘴，让幼儿自己去想，自己去探索，自己去发现。作为教师，我们关注的是孩子在这个过程中是如何通过自己的尝试去发现问题、解决问题的。

观察三：“新幼儿园里有升旗台”

高楼、滑梯和山坡的组合搭建好了，小溪和晨晨说：“桐桐说有升旗台呢。”小溪接着说：“我记得有高高粗粗的杆子，顶上还有国旗呢。”晨晨想知道教室里有没有国旗，我领着他一起找。晨晨和小溪拿来清水积木，把方形的积木平铺在最下面（图12），接着找到最长的积木，小溪试着换了几个方向，发现竖起来最高，喊道：“杆子找到了！”

图12 有升旗台了

图13 插在积木缝里

小溪说：“国旗有了，没有地方放呢？”晨晨把国旗先插在两块积木的缝里（图13），大家看了，说：“新幼儿园的国旗在最上面。”大家去想办法，小溪找来牛奶杯，将国旗插在里面，晨晨鼓着掌跳起来：“我的国旗好了！”其他人也学他，没想国旗突然倒下来了，有人说了一句：“呀！这个不行。”晨晨和小溪试着把几个牛奶杯套在一起，插上国旗，稳了！（图14）晨晨和小溪高兴地告诉旁边的小伙伴。

图14 插在牛奶杯里

“好了，我们要升旗了，老师给我们放国歌吧。”随着国歌的响起，孩子们边唱边敬礼，举行了新幼儿园的升旗仪式。（图 15）我们问孩子们知道我们的国旗为什么是红色的吗，他们去过红色教育基地，一个个争先恐后地交流了起来……

图15 举行升旗仪式

教师的思考

参观的时候，孩子们对升旗台印象非常清晰，于是几个伙伴搭建的目标很明确。这次他们选择了清水积木、牛奶杯建构材料。起初他们不知所措，但是在同伴之间你一言我一语的沟通中，孩子的好奇、爱玩、积极想象的天性一触即发；虽然经历了拆解重来，但他们的目的很明确，能紧密围绕“升旗台”主题进行建构。在搭建过程中，晨晨带着同伴利用了平铺、垒高、架空、围合等建构方法，相对于小班同龄孩子，他是一位建构水平较高的孩子。搭建结束后，他们能说出自己建构的作品名称，且能介绍一起建构的升旗台，可以看出孩子们是有想法、敢表达的。

本次建构中，我们及时对孩子的建构表现给予肯定和表扬，并将游戏视频播放给全班幼儿观看，引导孩子分享建构经验。建构过程中教师的支持策略主要是提供辅助材料供孩子选择使用，激发孩子的想象力和创造力，从而建构出更丰富的作品。之后的建构活动中我们将提供更多材料（小动物图片、小树、车子等）到建构区，让孩子们选择材料有更大的余地，延续建构，丰富搭建内容，使“我们的幼儿园”活动不断拓展。

三、总结与反思

《幼儿园教育指导纲要（试行）》中指出，幼儿园“以游戏为基本活动”，“寓教育于生活、游戏之中”。我园的特殊情况，让孩子们有了不一样的“幼儿园”经历；之前通过儿歌、谈话的形式表达了对新幼儿园的向往，所以他们心目中有自己的幼儿园设想。在建构活动中，发现幼儿利用低结构和高结构材料搭建着自己设想中的幼儿园，让我们惊喜不已；幼儿通过建构，之后再去参观新幼儿园，心中对新幼儿园的期许更强烈，也有了具象的设计灵感。他们在给新幼儿园建高楼、滑梯、升旗台的过程中，一次次借助已有的经验进行搭建，同时在建构活动中出现了零散的商讨和初步的合作，表现出了较好的建构能力。

（一）关注幼儿需求，激发探索兴趣

教师应把游戏活动的权利还给孩子，走进幼儿的游戏，改善调控幼儿的行为，关注幼儿的活动需要，给幼儿提供更大的生成空间，让幼儿充分地表现、表达。如在游戏之初，幼儿只会随意用积木垒高，建构重复，没有新意。教师以参与者的角色介入游戏，并发表看法：“高楼没建好就倒塌了，太可惜了。”在接下来的实践中，孩子们尽量把积木垒齐或用手扶住快要倒塌的高楼，孩子们观察到积木的大小和顺序问题，并在实践中证实他们的想法。教师适当地参与，使建构有了新的进展。

（二）丰富幼儿体验，鼓励不断尝试

幼儿为什么会喜欢建构？因为建构会带给他们愉悦的情感体验。建构中幼儿的精神处于一种自由、放松的状态。小班孩子在建构过程中会出现很多的状况，如建构技能不足、生活经验不够等。孩子们在搭建滑梯时，试了几次都不适合，他们又反复尝试，出现了在重复组合、比对组合中寻找乐趣的现象，并没有意识到这是一种勇于推翻自己的良好开始。幼儿没有能力完全调控自己的行为，如何让他们发现不妥并愿意承

认和改变，如何让他们在建构中找到更大的情感满足，这就需要教师的观察、引领。

（三）营造开放氛围，追随发展需要

幼儿在建构中会遇到各种各样的问题，教师要营造开放的建构环境，促进幼儿养成积极的思维方式，遇到问题要自己寻求帮助的办法，提高幼儿解决问题的能力。如在搭建高楼游戏时，幼儿遇到了建筑物倒塌、搭高够不着等问题，教师注重引发孩子讨论和再实践的探索兴趣，孩子们也想出站在椅子上可以搭得高的方法，所以教师更多是启发、陪伴等，从而真正追随孩子的发展需要，体现孩子本体的价值。

（四）进一步的支持策略

建构游戏是幼儿最喜欢的游戏类型之一，经常玩建构游戏的幼儿能获得大量有关数量、图形以及空间的核心经验。今后，我们教师在陪伴幼儿建构时努力做到倾听中有尊重，沟通中有鼓励，教育中有支持，关心中有共情，相信每个孩子都会像种子一样，迸发出生命的激情与活力。随着此次建构活动的持续进行，我们将利用图片、信息、同伴资源等，引导幼儿进一步观察身边的建筑群，了解、丰富建构的方法和技能；提供更多的新材料，支持幼儿创新的需要；丰富幼儿的搭建经验，提升活动水平，向合作完善、自主创作发展。建构活动结束后，我们将引导孩子在分享解决问题的成功经验的基础上，启发孩子讨论：对下次建构你有什么好的建议？还需要增加哪些搭建或辅助材料？怎样才能建成一个你喜欢的幼儿园？帮助幼儿拓宽思路，逐渐丰富场景、材料、主题、情节，让孩子对下次建构充满期待。

F1赛车场

高菲
年龄段：小班

一、背景与来源

在近期开展的“各种各样的交通工具”主题活动中，各式交通工具以及赛车让幼儿十分感兴趣。基于他们的兴趣，我在游戏区投放了多种汽车模型、相关工具书等。一次游戏时，孩子们在建构区搭建起了赛车跑道。他们将积木一条一条连接起来，围成长长的赛车跑道，将汽车模型放进跑道里，开启了“F1 赛车场”搭建之旅。

二、观察与反思

观察一：赛车场的出现

区域游戏时间，馒头和小宇计划搭建一个赛车跑道，其余幼儿见状也纷纷参与。他们拿了几个四倍块，连在一起先搭成一个长长的条状，然后又在旁边围成了一个“口”字形，中间空余部分围成三角形；围起来后，在跑道的最前方，用双倍块摆成一个“Z”字形状；搭好后，从

材料柜拿了几个汽车模型分别放在几条跑道里面。这时候，小博指着一块积木说："车子怎么进去啊？"（图 1）

图1 小博发现赛道堵塞

小宇把堵在跑道前面用于围合的四倍块往旁边挪，开了一扇门。其他的几条跑道之间也是不连接的，有积木堵着，我指了指跑道："那其他的车怎么办？"听完我的疑惑，孩子们纷纷行动起来，馒头表示："把跑道的门都打开，这样车子就可以开了。"于是，他们把几条跑道间被积木堵起来的地方纷纷打开，让小车可以顺利通行。（图 2）

图2 打开堵塞的部分，小车通行

游戏后，我将孩子们的作品拍摄保留，请他们分享、交流。小宇说："我们今天一起搭了一个赛车跑道，车子还可以开呢。"馒头补充道："是可以开门的跑道，车子来了就会开。"分享过后，我向孩子们展示了赛车场、赛车跑道的图片、视频，并在建构区增添了相关图例。

教师的思考

搭建跑道的游戏中，存在跑道堵塞、车子无法通行的问题，我先是等幼儿主动发现、提问并初步解决后，再以启发式提问的方法引导幼儿解决其余几处相似问题，把主动权还给幼儿，给他们充分思考、探索的时间与机会。游戏后，我邀请幼儿进行分享，既帮助他们回顾了游戏过程，又梳理了遇到的问题与解决方法。基于他们的游戏兴趣与经验，我展示赛车跑道的相关图片、视频，丰富其游戏经验，支持其继续深度探索，进一步搭建，丰富游戏行为。

观察二：赛车场有观众席了

第二天游戏时，小宇、馒头邀请大家一起搭建赛车场，他们先后搭起点、赛道、路灯，用小路积木表示拐弯，赛道很快完成了。小宇指了指赛道："还要有观众席呢。"他转了几圈，走向我："老师，我们想做观众席，可是不知道怎么做。"于是我指着图纸说："你看，观众席什么样？教室里有材料代替吗？找找看。"小宇拿着图纸找寻材料，一会儿，他拿了一些黏土跑过来："我从美工区拿的，捏一捏可以做观众席呢。"（图3）随后，他拿了一个双倍块，将黏土捏成"L"形状，按顺序粘在了积木块上。捏了几排座位后，他们继续用黏土捏小人，粘在座位上，把它们搬到赛道正前方，将观众席一排排放好。（图4）

图3 找到适合的黏土

图4 用黏土制作观众席并摆放好

馒头指着观众席："看，上面还有观众呢。"我问道："可是他们的座位高度一样，能看清比赛吗？"孩子们摇头，我继续问："有什么办法来解决这个问题吗？"这时，馒头拿着实景图："我找到了，观众席是这样的，把后面的座位搭高一点就行了。"（图5）小宇问："那用什么积木呢？"馒头说："把这个积木一点点增加就行，像楼梯一样。"在馒头的带领下，他们先将第一层放好，接着在第二层积木下面的左右两

图5 看图纸商量

端各放了一个小方块。随后，他们分别在第三、四、五层观众席下面左右两端各放了相应数量的小方块，逐层加高。观众席最终搭建成功。（图6）

图6 合作逐级增高观众席

分享环节，馒头向大家介绍新出现的观众席："我们的赛车场有观众席了，是用美工区的黏土做的，座位的颜色和观众的颜色一样。"

教师的思考

幼儿有了前期的搭建经验以及对赛车场的进一步认识，再次进行搭建时，游戏内容和形式明显得到了丰富和扩充。在这一次游戏中，他们不仅搭建了赛道起点、终点，还成功制作了观众席。在他们不知如何做观众席，主动寻求帮助时，我不是直接提供答案，而是将问题抛出，让幼儿通过观察实景图片，自己去班级里寻找适合的材料；在发现"后排观众看不清比赛"的问题后，我仅提出"高度"这一关键词，让幼儿自己来选择解决办法。幼儿通过观察图片，联系现实中的体育场观众席，知道它一层比一层高，从而运用"把积木一层层垒高"来解决问题。在我一次次的启发式引导以及幼儿的持续探索下，最终观众席搭建成功。

观察三：室内赛车游戏

今天的游戏中，孩子们的赛车场有了延伸，占用场地比之前大了不少。馒头拿着一个半拱门说："老师，这个枪一开就代表汽车开走了。"

图7 赛车比赛开始啦

小哲提议："我们试试看，来赛车。"

他的提议得到了一致同意。馒头和小周各拿了一辆玩具车，小宇拿了一面旗子，蹲在起点，开始倒数。“1”刚一数完，馒头和小周便将玩具车往终点滑。就这样，他们进行了好几次赛车比赛。（图7）

室内赛车游戏后，孩子们看着自己的“赛车”视频，讨论中发现了这样的问题：比赛时，车总会撞到积木，并不适合进行赛车比赛，那怎么办呢？小阳提出：“走廊里太挤了，能不能换个地方搭？”馒头说：“对啊，我们去外面搭吧，在操场上搭，做真正的赛车手来比赛。”馒头的提议得到了大家的赞同，我随即问道：“那在操场上搭什么样的赛车跑道呢？怎样既可以赛车又不会撞到呢？”“我们搭环形赛车跑道，这样就不会撞到了。”小宇兴奋地提议道。于是，在操场上搭建一个真正的环形赛车跑道，成为一名赛车手，成了孩子们格外期盼的事情。

教师的思考

搭建赛道游戏过后，自然衍生出室内赛车游戏，幼儿自己分配角色，扮演起裁判、指挥官、赛车手，游戏内容有了丰富与拓展。室内赛车游戏存在较明显问题，我并没有直接指出，而是将其游戏视频拍下并播放给幼儿观看，让他们在实践、观察与讨论中发现问题：室内空间太小，不方便进行比赛。并且鼓励幼儿在讨论中自己寻找合适的解决办法。当找到合适的场地后，根据他们此次出现的赛车角色扮演游戏的行为，又进一步引发他们思考：室外的赛车场又该怎么搭建才能进行真正的赛车？最终确定在操场上搭建一个环形赛车跑道，支持幼儿从原有水平向更高水平发展。在游戏后与家长及时沟通，请家长带幼儿去参观卡丁车跑道，丰富其对于环形跑道的经验，支持幼儿更进一步地游戏。

观察四：赛车手的约定

搭建一个环形跑道，做厉害的赛车手，成了孩子们的约定。户外游戏时间，孩子们来到操场上，开始搬运碳化积木和轮胎进行搭建。他们像往常一样拿了两个基本块竖放在红色跑道两边，并用双倍块盖顶，又接连拿了许多双倍块和四倍块沿着红色跑道搭建成条状。小宇说：“你们这样不对，我怎么骑啊？”见其他孩子并没有回应，小宇走到他们身边问道：“怎么在里面骑呢？”小宇重复了几遍，还指了指起点说：“太窄了，不好骑。”（图8）这时孩子们都听见了小宇的疑惑，发现了“跑道太小”的问题。

图8 小宇指出跑道太小

我问道：“那怎样才能让你们当赛车手在里面比赛呢？”小宇说：“我有好办法了，快把这个拆掉。”说着他便将双倍块拿了下来，并把起点的基本块往右挪了挪。（图9）小宇张开手臂：“把它变得这么宽。”“那怎么样变大呢？”小宇想了想，开始绕着操场跑，用来表示赛车的行动轨迹：“我们可以这么搭，然后把终点放在那里。”

图9 拆顶，将跑道变宽

馒头表示：“可以不搭顶，拆掉重新搭。可是，老师，我觉得有点难，我好像不会。”我问道：“你们想骑的小车是多大？那跑道需要多宽才可以骑？”接着我又带他们看了一些环形跑道以及拍的卡丁车跑道图片。（图10）孩子们看完后似乎又有了新想法，经过商讨，他们将起点的顶拿掉。因为需要两人一组比赛，他们决定：沿着不同颜色的彩虹跑道搭建，两种颜色为一块区域，每到一块区域的末尾便开始转弯进行下

一块区域的搭建。（图 11）

图10 看图纸讨论

图11 确定路线并转弯

商量结束后，孩子们兴高采烈地忙活起来。由于工程量浩大，孩子们并没有完成，他们约定着保留搭建好的部分，明天继续开工。

游戏过后，我带着他们回忆起今天的户外搭建，启发他们思考：户外搭建和室内搭建有什么不同？搭建环形跑道你们遇到了什么问题？又是怎么解决的？赛车手要赛车有什么东西需要准备？孩子们对于赛车表现出了极大的热情与渴望，并在第二天带来了骑车的头盔、玩轮滑的护膝等装置，满心欢喜地期待着跑道完成后的“赛车手约定”。

教师的思考

在户外搭建中，小宇首先发现了跑道太狭窄的问题，当他第一次提出时，无人回应，随后他又提出，其他幼儿才发现问题。我并没有干预，当他们都发现问题时，我才问“那怎样才能让你们当赛车手在里面比赛呢”，启发幼儿想办法。这个过程也为小宇提供了想办法让同伴知道自己疑惑的机会，进一步发展了他们的社会交往以及探索能力。小宇一边沿着跑道跑一边想搭建方法的行为，是他们语言伴随动作发生的表现，也让他们的想法更具体化。

当馒头觉得环形跑道太难时，我引导他们先思考车子多大，再想跑道需要多大。随后与他们一起观看环形跑道以及调查卡丁车跑道图片，孩子们经过商讨后，有了新思路。在游戏过后我与他们一起分析搭建中出现的问题以及制订接下来的搭建计划，孩子们纷纷带来了赛车手的装备，期待着自己成为小小赛车手的那一天，游戏继续饶有趣味地开展下去。

三、总结与反思

这是一个衍生于“各种各样的交通工具”主题的搭建故事，伴随着幼儿从主题开始到学期结束，且仍在继续进行。幼儿在游戏中了解了赛车场的外貌特征，学习了如何与同伴合作，尝试计划分工，变得懂得关心他人，是一个全面深度的学习过程。

（一）发现，尊重——发现幼儿兴趣，尊重幼儿自主性

此游戏由幼儿兴趣衍生而来，幼儿在建构区多次出现搭建赛车跑道的行为。捕捉到幼儿的强烈兴趣，教师随即进行支持，让幼儿的游戏更具系统性。在游戏过程中，幼儿遇到跑道堵塞、观众席选材、赛车碰撞等问题，通过共同商讨、不断尝试，成功找到解决方案，充分调动了主动性。随着游戏的深入，出现了赛车比赛扮演游戏，将场地由室内延伸至户外。过程中，我充分尊重幼儿的主体地位，根据幼儿每个阶段的搭建兴趣及需求，提供不同的材料，并鼓励幼儿学习自己发现问题、分析问题、解决问题，让幼儿在一个愉悦、自主的环境中主动探索、主动学习。正是在这样一个环境中，幼儿游戏兴趣浓厚，游戏持续推进。

（二）追随，支持——追随幼儿游戏，支持幼儿探索

游戏是幼儿自发的学习活动；教师是幼儿学习活动的支持者、合作者、引导者。在幼儿的游戏活动中，教师需明确自己的角色定位，找准介入时机，及时以适当的方式应答，形成合作探究式的师生互动，做到“有所为”与“有所不为”相结合，在观察中追随，在追随中支持，在支

持中推动其自主探索。在这个游戏中，幼儿共经历了四个阶段，遇到了不同的问题，我给予了不同的支持性策略，让幼儿自主探索。（表1）

表1 幼儿的游戏阶段、遇到的问题及介入方式

游戏阶段	遇到的问题	幼儿的表现	教师介入	解决方法
赛车场的出现	跑道堵塞	小博发现问题，主动提问	询问式语言指导，启发幼儿思考	挪走堵住的积木，成功通行
赛车场有观众席了	制作观众席；后排观众看不清	小宇主动询问如何制作观众席	图纸提供，让幼儿了解观众席的特征，鼓励其自主选材；启发式提问，让幼儿自主发现问题	自寻材料，用黏土制作观众席；用积木搭建，改变前后座位高度
室内赛车游戏	赛车碰撞	自由讨论赛车手受伤问题	回忆问题，家园合作，丰富游戏经验	幼儿商讨决定将赛车场移至户外
赛车手的约定	赛车无法通行；环形跑道不会搭建	小宇首先质疑，其他幼儿随后发现并提问；馒头表示搭建困难	给予时间让幼儿发现问题，并通过启发式提问引发幼儿思考多大的车需要多大的跑道；观看图片、视频及调查资料，了解环形跑道特征	将封顶拆掉，跑道扩大为两条一部分；用行动轨迹表示跑道路线，沿着彩虹跑道进行搭建

在游戏中，我敏感地察觉幼儿需求，但大多数情况下并未直接介入，而是耐心等待，给予充足时间，让幼儿主动发现问题。当幼儿主动寻求帮助时，运用启发式提问、材料指引等方法，巧妙运用“有所为”“有所不为”，鼓励他们勤思考、敢尝试、善总结。

（三）挖掘，获得——挖掘蕴含价值，获得多样发展

从幼儿感兴趣的赛车入手，进行了一系列深入持续的游戏。幼儿在一次次的搭建中，搭建技能得到了大幅度提升，并能尝试合作完成大型建构活动，游戏水平不断提高；在不断地调查与分享中，对于赛车场、赛车有了更深的认识与了解；在不断地发现问题、解决问题中，发展了

积极主动、认真专注、敢于探究与尝试等良好学习品质；在与同伴的互动、交流、协作中，进一步发展了社会交往能力与自己解决问题的能力。同时，幼儿的创造力、想象力、逻辑思维、语言等方面都得到了有效发展，是幼儿多方面、全方位成长的过程。

基于幼儿浓厚的学习兴趣，以及游戏本身所蕴含的多元价值，如赛车手的勇敢、合作、体育竞技活动的注意事项及荣誉感等，“F1 赛车场”的游戏还将继续，期待属于他们的“速度与激情”。

有趣的斜坡

何昊、周阳扬

年龄段：小班

一、背景与来源

在建构区游戏中，旭旭和可乐用不同的积木搭建出一个斜坡，并拿着小车在斜坡上玩“自由下滑”游戏。在游戏分享环节，孩子们就旭旭和可乐的作品展开讨论：为什么小车能从上面滑下来？是不是所有的斜面都可以让小车滑下来？……越来越多的小朋友加入探索“斜坡”的行列中，于是，我们悄悄地在建构区投放了更多的玩具汽车、积木、纸板等供幼儿进行游戏。

二、观察与反思

观察一：坡道初现

游戏计划时间，墨墨拿着两个斜坡，对着参照图说：“这座桥上面有很多小汽车，有的在桥的‘身体’上，有的在桥的‘膀子’上。”欢欢听到点点头，说：“我们也可以搭一个斜坡。”游戏开始，只见墨墨拿了两块基本块摆成T形，一块三角块与其紧靠在一起（图1），说："这像不像小桥的'膀子'？"说完将小车放在T形积木上，轻轻一推，小车迅速往下滑，却翻倒了。他摇摇头对欢欢说："积木太少了。"他用相同的方法搭了一个一模一样的"膀子"，将其和原来的并拢，笑眯眯地说："看，'膀子'变粗了。"欢欢拿来一块基本块放在下面作为支撑，将最上面横放着的基本块往前移了移，可是无论怎样摆放，两块积木间都会有一条缝隙，每次将小车放上去时，都会滚下来。（图2）

图1 第一个斜坡出现

图2 出现缝隙

两人蹲坐在作品旁边，时不时地看看积木超市。墨墨拿了块三角块，对着作品比画着，并与斜坡合拢，可是小车还是会滚下来。他转身来到角落，一言不发。我们走过去问他："小车一直滚下来，是吗？"墨墨点点头。我们追问："这是为什么呢？"一旁的欢欢说："因为两块积木之间有个洞洞，小车每次到这的时候，都会卡一下。"我们接着引导："哦，原来是因为两块积木之间有个洞洞，小车不能很平稳地经过，那怎么办呢？"墨墨跳了起来："可以把它们连起来。"说完就将三角块和基本块移走，又从材料超市拿来一块纸板，将其斜放（图3），随后用一块基本块放在纸板下面作支撑，形成一个平面，最后将三角体积木放在纸板的另一端。就这样，小车顺利地在斜坡上下滑了。

图3 用纸板当作坡面

教师的思考

整个斜坡的搭建过程是孩子们自发地进行的，孩子们先是对桥的参照图进行了分析：小桥的斜坡是“身体”，而让小车平稳行驶的路面是“膀子”。在游戏过程中孩子们先是敏锐地发现三角块的斜边正好是一个斜面，并在游戏中发现有了斜坡却少了能开车的“马路”，于是在已有斜面的基础上，孩子们开始用积木来搭建“马路”。孩子们巧妙地将基本块两两组合形成桥的“膀子”——马路，但是在小车行驶的过程中出现问题——积木之间有缝隙，小车会滚下来。这个问题的出现让孩子们陷入沉思，于是我们开始介入了孩子们的游戏：先询问“小车为什么会滚下来”，不将答案直接抛给孩子，而是给孩子思考的时间；再对孩子的回答进行总结性语言提示，“因为积木之间有缝隙，小车不能平稳经过”，不仅肯定了孩子们自己思考的答案，也为孩子进行语言上的提示，推动游戏往下发展。在整个搭建过程中，孩子们能够对积木和辅助性材料进行创造性、有目的地使用。因此我们打算继续投放和斜坡相关的辅助性材料，期待看到孩子们与材料进一步的互动。

观察二：“滑梯斜坡”竣工啦

游戏时间到了，欢欢拿着剖面管，说：“我们拿这个来搭‘身体’吧。”墨墨高举着，说：“这像不像滑梯？我们用这个作为‘膀子’，让小汽车从上面滑下来。”墨墨拿了一个基本块，将剖面管分别放在基本块的左右两侧（图4）。在放另一侧剖面管的时候，“啪”的一声，基

图4 利用剖面管作斜坡

图5 用双倍块试一试

本块全部都倒下来了。墨墨叹了一口气，自言自语道："垒太高，倒了。"只见他将倒下来的基本块移开，将手边的双倍块竖放，左手抓住积木，右手拿着剖面管放在积木上（图5），但剖面管还是倒了下来。

两次垒高的积木都倒了，墨墨开始环顾周围的积木，先将竖放的双倍块积木横放在地上，再将一个基本块放在上面（图6），但墨墨好像不是很满意这个高度。于是他拿了一个大圆柱，对欢欢说："这个好像牢固一点。"他将大圆柱体积木放在地面上，再放上剖面管，将小车滑了下去。终于，在失败两次后，能够支撑起剖面管并且又高又稳的积木终于找到了。（图7）

图6 双倍块与基本块结合

图7 合适的积木找到了

游戏分享环节，墨墨和欢欢激动地向大家介绍他们的作品，成功地将小汽车从滑梯斜坡上滑下去，赢得小朋友们的掌声。这时噔噔说："我之前在游乐园玩的滑梯又高又长，你们的这个小车一下子就滑下来了，小车还没玩够呢！"于是我们赶紧追问墨墨和欢欢："怎么样能让你们的斜坡又高又长，让小车滑个够呢？"墨墨说："我们会有办法的！"

教师的思考

在游戏过程中，墨墨经过几次尝试后选用大圆柱作为支撑，使得剖面管稳稳地立住。这是孩子们与剖面管的第一次接触，也是剖面管与积木的第一次“碰撞”。这一次是以剖面管为主、积木为辅进行桥的构造。我们在孩子们成功后帮助孩子对整个游戏过程进行回顾、总结，当噔噔提出疑问时，我们及时对墨墨和欢欢进行追问，推动游戏往深处进行。最后我们将孩子们搭建的滑梯桥的照片张贴在墙面上。

观察三：一飞冲天的“火箭斜坡”

游戏计划时间，墨墨对欢欢说：“我们先来把昨天的斜坡延长吧！”只见他们用剖面管搭建好桥后，又拿了另一个剖面管与第一个剖面管连接起来。墨墨说：“看，这下子桥又高又长了！”欢欢对墨墨说：“你拿小车在那里（剖面管）滑，我拿小车在这里（三角块的斜边）滑，看看谁滑得远。”比赛开始后，欢欢说：“我们俩滑得一样远！”而墨墨却挠了挠脑袋，说：“我以为在这上面（剖面管）会更远一点的。”我们赶紧追问：“那有什么办法让小车在这个（剖面管）上面滑得更远吗？”墨墨想了想，又拿了一个剖面管连接，小车放上去并没有滑得更远。然后他又拿了双倍块，将剖面管放在上面，与第一个蓝色剖面管底部合并，结果小车在滑到第二个剖面管的时候就停止不动了。（图8）欢欢说：“这个是不是有点平呀？所以小车滑下来的时候滑不动了。”墨墨说：“我知道了，如果这个斜一点，小车就可以滑得更远了。”墨墨转过身到积木超市拿了一块基本块，放在两

图8 小车停止不前

图9 增加倾斜程度

个剖面管的连接处，增加了第二个剖面管的倾斜程度。（图9）果然，这一次小车在剖面管上滑得更远了。

游戏分享时间，墨墨和欢欢作为讲解员，为其他小朋友介绍自己的“作品”。墨墨开心地说：“这是我和欢欢一起搭建的火箭斜坡，你们看它是由两个蓝色管子连接起来的，我还放了一块积木在这边，这样子就能很快地滑下来了！”其他小朋友听了，纷纷表示也要搭一个！

教师的思考

在搭建过程中孩子们对小车滑行的远近产生了兴趣，但对结果却产生了疑惑，这时我们进行了追问：有什么办法让小车滑得更远？问题的抛出促进游戏往更深的层次发展下去。孩子们开始思考、调整，增加斜坡倾斜程度。在整个游戏过程中孩子们有着共同的游戏目标。在游戏分享环节，孩子们作为建筑师向其他小朋友介绍了自己的杰作。最后，我们依然将孩子们搭建的作品照片张贴在墙面上。

观察四：小车怎么又不动了

这次，孩子们将基本块垒高，与小拱形积木摆成T形，并摆上大圆柱。在相应的位置依次放好积木支撑，升级版的“火箭斜坡”搭好了。（图10）但小车在下滑中翘了起来，于是墨墨和欢欢又拿了一个剖面管延长坡面的长度。可

图10 升级版“火箭斜坡”

是，小车在经过第一个连接处时翻车了。无论试了几遍，小车在剖面管连接处都会翻车，并且不再前进了。（图 11）孩子们不断拿积木调整高度，都没能克服问题。

图11 小车再次停止不前

在游戏分享环节，孩子们对于小车为什么会在剖面管连接处翻车展开讨论。墨墨说：“我们觉得可能和小车下滑的快慢有关，所以我们就增加高度，但失败了。”瑶瑶说：“那个剖面管一个高一个低，不平，所以小车才会翻。”我们追问道：“有什么办法可以把两个剖面管变得平整呢？”墨墨说：“我们需要几个一模一样的小一点的积木。”欢欢说：“可以用双面胶把它们粘起来。”豆豆说：“可以用小夹子。”分享结束后，我们悄悄地将孩子们讨论的双面胶、小夹子、桌面积木等投放在材料超市，期待着第二天孩子们新的游戏惊喜。

教师的思考

问题出现时，墨墨和欢欢不断更换积木，增加高度，都没能解决这个问题。而原因不在于高度或是斜度，而是两个剖面管之间的连接问题。我们没有介入游戏，而是作为旁观者和倾听者，始终观察着孩子们的游戏进展，鼓励他们向同伴寻求帮助，不仅在游戏中锻炼孩子的倾听表达能力，更能在相互学习中发展孩子的社交能力。这应该就是陈鹤琴先生所倡导的“儿童教儿童”。在此过程中，教师所要做的就是耐心等待，并提供材料支持。

观察五：小车毫无阻拦地滑下来了

带着上次没能解决的问题，墨墨、欢欢和几个小伙伴进入了建构区。彦彦将一块小圆柱放在第二个支撑上，墨墨将一块基本块作为第三个支撑点，依次摆好剖面管（图 12），然后拿着小车下滑，结果小车还是在剖面管的连接处卡住了。重新摆好后，小车下滑，仍在第一个连接处卡住。墨墨压了压连接处，又拿了一个桥形块和蓝色剖面管，继续连接延长。帅帅在旁边说："延长没有用，这个地方老卡住，把这个高的去掉就好了。"墨墨听后，将上一个剖面管底端放在下一个剖面管的上面（图 13），依次摆好后，小车终于顺利下滑了。

图12 伙伴的帮助

图13 更改坡面叠放次序

帅帅拿着小车下滑的时候，桥"哐当"散架了。彦彦说："刚刚就几个积木支撑，摇摇晃晃，肯定会倒掉！"孩子们先将桥重新搭建起来，又去积木超市找了些合适的积木，摆放在桥下方，保证稳定性。这一次，小车终于顺利地滑下来啦！（图 14）

图14 毫无阻拦的斜坡

在游戏分享环节，旭旭提出了问题："这个斜坡没有护栏，小车会摔下来吗？"听到问题的墨墨几个人开始了讨论，我们知道小车虽然顺利地滑了下来，但孩子们与斜坡的游戏还在继续……

教师的思考

为了保证游戏的有效进行，原有的建构没有"拆除"，孩子们在原先基础上调整，大大节省了时间。随着对材料的不断熟悉，孩子们在游戏中其实已经慢慢地发现问题——高出来的一块是阻碍原因，但是孩子们没有去考虑怎么去除高出来的一块，而是认为小车下滑的速度不够快，仍然增加桥面的斜度。最后是帅帅的一句话点醒了墨墨和欢欢，问题顺利解决。但也出现了新问题：斜坡倒了。于是孩子们在彦彦的提醒下增加积木，提高稳固性。在游戏分享环节，小朋友们也提出了新的问题：没有护栏怎么办？孩子们的探索仍然在往深处发展着。

三、总结与反思

“有趣的斜坡”是源于“车水马龙”主题的建构游戏。在主题开展的过程中，孩子们除了对各种各样的车感兴趣，更是对斜坡产生了关注。斜坡的一次偶然出现，并且小车能够“自由下滑”，孩子们的探索欲便被点燃，他们自发地在游戏中利用不同的材料搭建斜坡，生成了持续性、沉浸式的探究游戏活动。

（一）兴趣与分享是保证游戏持续进行的核心

活动源于游戏分享，本就对车有着浓厚兴趣的孩子们将关注点放在让小车下滑的斜坡上，我们敏锐地捕捉到这一兴趣，与孩子们进行讨论：桥由什么组成，让小车顺利下滑需要什么，等等。从而真正地将孩子们的兴趣转至“建斜坡”中来。在每一个游戏环节与幼儿对本次游戏活动进行总结、梳理、分享，请参与的孩子向其他小朋友介绍自己的作品或是遇到的困难，帮助孩子们总结经验，推动游戏继续向深处进行。

（二）提供环境和材料支持，介入时机把控得当

当幼儿对斜坡产生兴趣后，我们带着孩子们寻找幼儿园的“斜坡”。考虑到小班幼儿的年龄特点和游戏水平，我们还在建构区的墙面上张贴了各类真实斜坡的照片，在环境上做到隐性支持。并且在每一次的游戏过后，我们都会将孩子们的成果拍照张贴在墙面上，有效支持孩子们游

戏。在游戏时孩子们一共用到了两类辅助材料——纸板与塑料剖面管，都是幼儿园常见并且十分适合作为辅助材料。在游戏中教师适时介入，大多以追问的形式，目的是更好地帮助孩子进行后续的游戏，推动游戏更好地发展。（表 1）

表 1　幼儿在不同游戏阶段中遇到的困难、解决办法及教师的介入等

<table>
<tr><th>游戏阶段</th><th>环境与材料的支持</th><th>遇到的困难</th><th>解决办法</th><th>结果</th><th>教师的介入时机</th></tr>
<tr><td>坡道初现</td><td>桥的图片；积木；小车；纸板</td><td>积木之间的缝隙导致小车滚了下来</td><td>将纸板作为桥面与积木连接</td><td>成功</td><td>幼儿遇到了困难，没有办法解决</td></tr>
<tr><td rowspan="3">“滑梯斜坡”竣工啦</td><td rowspan="3">斜坡图片；积木；小车；上个游戏中斜坡的照片；剖面管</td><td rowspan="3">搭建高且刺激的桥面</td><td>垒高基本块</td><td>失败</td><td rowspan="3">游戏成功后帮助幼儿回顾游戏过程，并及时追问</td></tr>
<tr><td>双倍块竖放</td><td>失败</td></tr>
<tr><td>圆柱体</td><td>成功</td></tr>
<tr><td>一飞冲天的“火箭斜坡”</td><td>斜坡图片；积木；小车；“滑梯斜坡”图片；剖面管</td><td>如何让小车滑行得更远</td><td>在剖面管的连接处放基本块</td><td>成功</td><td>在幼儿遇到困难后启发性提问，推动游戏发展</td></tr>
<tr><td>小车怎么又不动了</td><td>斜坡图片；积木；小车；“火箭斜坡”图片；剖面管</td><td>小车在连接处翻车</td><td>增加高度</td><td>失败</td><td>游戏无法进行下去，与幼儿讨论，为他们提供适当的建议，以寻求他人的帮助，并根据幼儿游戏中的交流提供相应的材料</td></tr>
<tr><td rowspan="2">小车毫无阻拦地滑下来了</td><td rowspan="2">斜坡和桥的图片；积木；小车；上个游戏中桥的照片；剖面管</td><td>小车在剖面管重叠处卡顿</td><td>更改叠放次序</td><td>成功</td><td rowspan="2">无介入</td></tr>
<tr><td>桥倒了</td><td>搜寻积木，加强桥墩的稳定性</td><td>成功</td></tr>
</table>

（三）在游戏中注重幼儿多方面的发展

1. 促进幼儿建构技能的发展，提升幼儿的科学认知

在建构过程中，幼儿不断垒高积木增加坡面斜度，不断调整支撑点的距离保证坡面管顺利放稳，对材料形状的感知运用等能力也得到了提升。

2. 培养幼儿敢于挑战、乐于探究、不放弃等优秀学习品质

在游戏过程中，出现最多的问题就是“不稳”，导致桥面经常倒塌，幼儿需要重新摆弄。但幼儿并没有因为这些烦琐的事情而降低游戏兴趣，反而越挫越勇，不断地发起挑战。并且幼儿在游戏过程中持续地进行思考，吸取失败的经验，在探究中转变为成功的经验。

3. 增进同伴交往，发展社会交往能力

小班幼儿的游戏大多是平行游戏。但是在这次游戏中，可以看到孩子们之间的讨论与交流，在同一个目标的驱动下幼儿体现了较高的合作能力，获得了双重的愉悦与快乐。

山洞隧道试通车

孙宇婕、周瑜

年龄段：中班

一、背景与来源

本学期，在开展主题“我的家乡”活动时，孩子们对扬州的桥产生了浓厚的兴趣。在接下来的区域游戏时间，我们都会发现孩子们利用各种建构材料在建构区搭建各式各样的桥。随之出现的“桥塌”，让原本平行游戏的孩子们开始了合作游戏，一起探索属于他们的“桥”。

二、观察与思考

观察一：造桥计划的产生

阳阳用长条、短条积木搭建，不一会儿隧道就成型了。泽泽见状说道：“我来搭座桥，让小车从桥上下去，进你的隧道！”说完便将4个圆柱体放成一排，2块长条木板往上放。（图1）放第二块

图1 泽泽初次搭桥

长条木板时，手刚松开，桥倒了。他立刻将圆柱体的距离做了调整，重新放上了长条木板。“成了！”他看着自己的作品，点了点头。

泽泽又拿来了两块Y形积木，放在桥的两侧。我们好奇地问：“泽泽，这是什么呀？”“润扬大桥就是这样的！”他边说边拿起长条木块，放在了桥的一头一尾，抬头介绍道：“这是上坡和下坡。”“哐啷！”桥又塌了。旁边的伙伴见状围了过来，你一言我一语地讨论了起来。行行说：“可能是上面的桥面太重了，把下面的圆柱体压倒了！”阳阳说：“圆柱体太粗，强力大就不会倒！圆柱体太细，强力小就会倒！”

教师的思考

幼儿在平时活动中有一定的搭建基础，他们用各种形状不一的积木，利用围合、垒高等方法搭建出一座桥。泽泽在平时的游戏中就很有想法，根据原有的生活经验用“Y”形的积木搭建出属于自己的“润扬大桥”。当孩子们发现自己的润扬大桥倒塌时，纷纷猜测各种可能性。其中两位幼儿说“桥面太重”“圆柱体粗，才不会倒”。作为教师的我们也很惊讶他们的知识面如此广。根据中班幼儿的年龄特点及发展水平，“强力”这个词有点陌生，在他们的脑海里也许就是粗的圆柱体稳定性较高。为了进一步细化造桥计划，一个有趣的挑战——“如何让桥面基础更加牢固”就此开启。期待他们创造惊喜。

观察二：固定桥墩，增强桥面受力面积

找到问题的所在，孩子们将设计图画在了纸上。（图2）

图2 孩子们的设计图稿

阳阳抱着一堆短条积木准备搭建，

沐晨拦住他："桥面应该是长的，我们应该选长条积木块。"泽泽拿起上次用的长条积木块说："那还是用这个吗？"

涵涵询问："这个有点重，轻的怎么样？"其他小伙伴点点头，开始商议桥面，最终他们选择了4块薄长条木板和6块圆柱体，准备搭建。当搭建2块长条木板时，他们发现圆柱体不够了，剩下2块长条木板没有支撑了，那怎么办呢？元宝拿来细圆柱体，阳阳接过后，和粗的圆柱体进行了对比："细的不可以，细的会和上次一样倒掉。""那这个长方体呢？"阳阳将圆柱体和长方体紧挨在一起，用手比画了一番，点点头。（图3）随后他们用圆柱体和长方体间隔做桥墩，桥面的中心也进行了固定，很快桥面完成了！（图4）

图3 比较圆柱体和长方体

图4 桥墩成型

教师的思考

虽然幼儿在建构区中搭过桥，但都是小型的拱形桥，从未遇到过"桥是否结实"的问题。一开始他们交流搭建桥墩的设计图，大家一致认为存在"桥墩太少，无法承受这么多桥面的重量"的隐患。所以在随后的搭建过程中，他们吸取了经验，在长条木板的中间也加了桥墩。每搭一条长条木板，都用了三个桥墩来进行固定。随后搭建桥面时，发现圆柱体桥墩不够，孩子们通过比较，知道在同一水平线上要选取同等高的桥墩。随后他们选择了受力面积大的长方体作为桥墩，搭建了平稳的桥面。

整个过程中，我们没有干涉和支招，所有的问题都是孩子们自己发现的，材料筐中也有足够的材料支持他们解决这些问题。可以发现，正是不同问题的逐一暴露，孩子们才逐步加深了解一座桥最基本的结构：桥墩、桥面。他们自主探究，获得了搭建桥需要稳固的地基及受力均衡的宝贵经验。

观察三：规划桥面，制定交通安全标志

孩子们拿出小汽车开始在桥面游戏，随之出现了新的问题。行行和泽泽同时从桥面的两侧开始行驶，“砰”一声，小车迎面而撞。“这里需要标志！”行行说，“桥面中间要隔开。”阳阳急忙边比画边说：“我们用纸片将中间分开，然后画标记。”方案有了，行动起来吧！孩子们分工合作，泽泽和涵涵拿来彩纸和记号笔画箭头。其他人拿来彩纸放在桥面中间，发现彩纸总是一边倒，太薄了。这时，行行拿起泥工板插在桥面的中间，他惊喜地拍了拍手。涵涵说：“长度不够呀！”阳阳又拿来一张泥工板和双面胶，三人齐心协力，桥面中间的分道完成了；随后又一起按方向贴好标志，桥面规划完工！（图5）

图5 规划桥面

教师的思考

当孩子游戏时，问题再次出现，小汽车在桥面上毫无秩序，纷纷相撞。生活是幼儿教育的重要素材与来源，生活经验也是幼儿游戏的重要基础。阳阳很喜欢小车，家里都是各类汽车玩具及仿真的马路图，结合平日生活经验，他们联想到现实生活中马路中间都有双黄线、隔离栏等，尝试不同的材料，最终选择硬而厚的

泥工板作为桥面分界线，并能通过叠加来延伸长度。他们根据经验，知道用箭头代表行驶的方向，因此用勾线笔、彩纸、剪刀等工具绘制了标志并粘贴在桥面上。有了这些交通标志，小汽车行驶在桥面上就有秩序了！在这个环节，幼儿表现得积极主动、坚持专注，体验了自主学习、主动探究的完整过程，并出现了更多合作行为，发展了交往技能。

观察四：小车实验，寻找减缓坡度的方法

再次游戏，小汽车还是掉了下去。阳阳说："我们没搭上下坡！"随后拿起三角体放在桥的两侧。（图 6）涵涵连忙摇手："这都鼓起来了，小车怎么下去！"说完便跑向积木盒里翻找："不对不对！"又跑向泡沫积木篓里翻找了会儿，拿出橙色的三角体，大喊："你们看，这可不可以？"泽泽说："还少点距离呢！车子上不去的！"涵涵建议："下面再垫高点，和桥面一样不就可以了！"沐晨从积木柜里拿出了一块薄的长条，垫在三角体下，并慢慢推向桥面，直到完全贴合。沐晨拍手大喊："快来看！成功了！成功了！"（图 7）其他小伙伴见状，开心地又蹦又跳。随后他们立马分工去找长条木板和三角体泡沫积木，将桥面的上坡路依次建好。先放长条木板，后放三角体泡沫积木。很快，上坡路完成了！

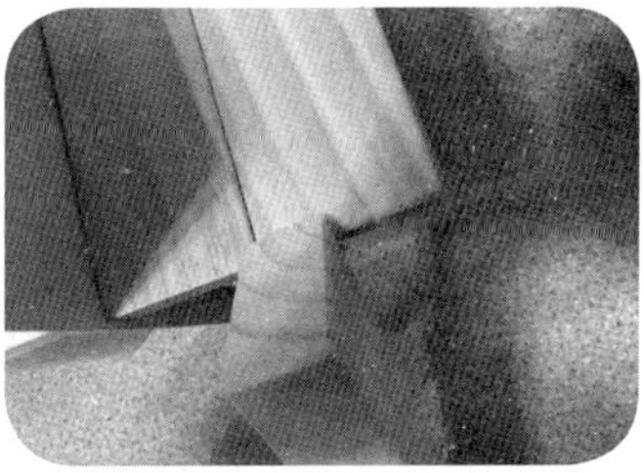

图6 初次尝试搭建上下坡

图7 第二次搭建斜坡

当搭建下坡时，行行发现没有一样的三角体了。泽泽说："用这个小三角吧！"涵涵见三角体变小了，便找出 4 个短条木板垫在下面。阳阳

随即拿起小汽车开始驾驶，还配上“嘟嘟嘟嘟”的声音。当小车开到下坡时，阳阳松开了手，小车“哐当”一声滚了下来。泽泽喊：“是不是开太快了？再试一次！”结果还是翻车了。孩子们愣在原地，这时我们抛出了问题：“你们搭建的两块三角体有什么不同？”他们将两块三角体放在一起进行比较。（图8）沐晨指向大三角体，说道：“这个斜坡长，小的斜坡很短！汽车开在上面会‘害怕’的！”随后，孩子们将大三角体和小三角体放在同一水平线上，用小汽车在两个斜坡上做了试验，发现：小车从大三角体斜坡开下来，没有翻车；从小三角体的斜坡开下来，小车速度变快，很快就翻车了。

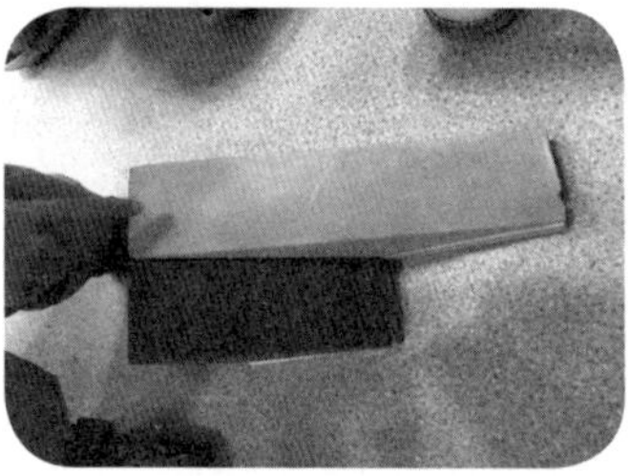

图8 比较两块三角体的斜面坡度

经过几次试验，他们最终一致选择大三角体作为斜坡。这时泽泽又苦恼道：“没有这个大三角了！”行行说：“我们去别的班借！”孩子们看向我们，我们点点头。行行去了隔壁中四班，向老师说明了意图，没一会儿就拿来4个同样的三角体，将小三角体全部替换了。（图9）

图9 上下坡搭建成型

教师的思考

幼儿一开始探究的焦点是要构建坡道并与桥面平稳衔接。在原有的经验中，他们认为三角体符合所有要求，从筛选材料开始，将三角体全翻找了出来，发现高度不一样成了最大的问题，于是他们运用叠加的方式增其高度。后来又发现三角体数量不够了，他们选择小三角体作另一面的斜坡。可随后的试验，小车再次翻车，正当孩子们一筹莫展的时候，我们点拨幼儿，进一步开启他们的思路，去观察两种三角体有什么不同。通过比较试验，他们发现斜面坡度越小越平稳，坡度越大越费力。最后材料不足，原以为孩子们会向我们寻求帮助，但让我们惊喜的是，孩子们自己解决了问题，大大提升了语言表达能力及社会交往能力。

观察五：修建护栏缓冲道，维系汽车行驶安全

小汽车再次行驶时，元宝说："你们看，这里有个'咯噔'，不好上坡！"随后他驾驶小车下坡："车子下坡还有个'咯噔'，轮子都卡着了，很容易出事故的！"那怎么办呢？如何让小车更好地上下坡呢？涵涵拿了几块长条木板，放在了坡道与地面的交界处："桥不都是在马路上的吗？那这就是大马路！"（图 10）"啪嗒！"一辆小货车掉了下来。阳阳踩了踩脚："怎么都没有护栏！"孩子们你一言我一语开始了讨论。沐晨拿起一旁的硬纸板，询问其他小伙伴："这个可以吗？"元宝接过来立在桥面的一侧，又递给沐晨："这个太高了，视线不是很好，而且放在旁边会倒！"随后，泽泽从美工区拿来彩纸，只见他将长方形纸对折两次，在桥面两侧比画了一下长度，便将方法告知其他小伙伴。（图 11）说干就干，孩子们分工合作，选择鲜艳的橙色彩纸，用两张纸叠加长度，再用胶棒粘在桥面两侧。

图10 搭建缓坡带

图11 建造桥两边护栏

教师的思考

在本环节中，孩子们再次游戏时，发现上下坡会有“咯噔”，这成为幼儿探究的焦点。这是由于垫升三角体造成斜坡与地面有落差。孩子们联系生活实际，在斜面处又搭建了长条木板，作为平稳的马路，让小车在下坡的时候有很好的缓冲。随后在玩小车的时候，他们发现桥的两边没有护栏，依旧存在安全隐患。有了前期经验，孩子们选择了适宜的材料，利用对折、叠加的方式增其长度。在解决问题的过程中，孩子们勇于表达自己的想法，也学会了认真倾听他人的意见，合作解决了游戏中的每一个问题。当桥搭建成功时，孩子们的喜悦之情是显而易见的。这些都说明，真实的游戏情境能使幼儿获得多方面的发展。

观察六：弘扬扬州桥文化，体验成功的喜悦

我们家乡扬州有许多具有特色的桥。这段时间，孩子们通过多种形式见识了这些桥。在今天的游戏中，阳阳表达了自己的想法：“爸爸每天开车送我都经过好多隧道，可有趣了！我们也搭个隧道吧！”其他伙伴也举手赞同，他们再一次围坐在积木柜前寻找适宜的积木。阳阳顺手拿起小长方体放在了桥面上，他点点头，又依次放上了两块。“这个应该可以！”随后又在另一侧放上了三个同等大小的长方体。（图12）涵涵见状说：“隧道上还有顶呢！”孩子们尝试各种长度的长方体，最终选择了同等长度、厚度也适中的长方体木块搭在上方。沐晨说：“反方向也需要一个隧道！”说完，他们齐心协力将另一侧的隧道也搭建成功！

图12 搭建桥面隧道

最后，孩子们拿着小车兴奋地行驶

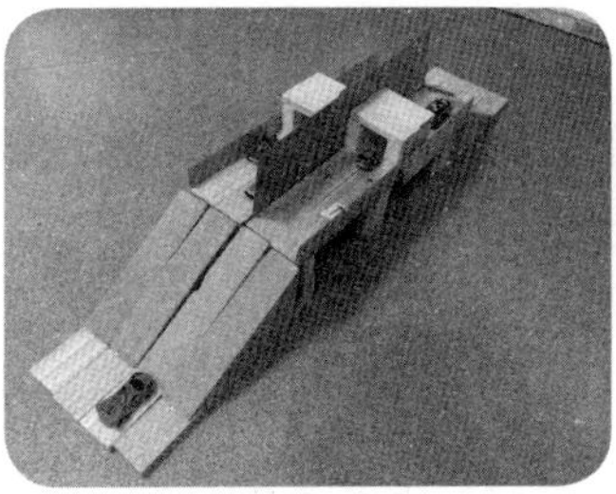
图13 山洞隧道成型

在搭建成功的桥上。“小车钻隧道啰！小车钻隧道啰！”孩子们兴奋地拍手叫好！将小车纷纷放在了桥面上、隧道里、平稳的大马路上。涵涵说：“我们给桥起个名字吧！”“山洞人桥”“隧道桥”……最后几个小伙伴一致同意叫“山洞隧道”。（图13）一座属于孩子们的“山洞隧道”诞生了，关于桥的故事还在继续……

教师的思考

在游戏前，幼儿学会了用商量、讨论、实地考察、从网上查资料等方法来解决遇到的问题。扬州具有特色的桥有很多，在我们的教科书中，主题五“我们居住的地方”中也有家乡的桥，在集体教学活动中，我们也普及了许多桥的知识，如扬州万福大桥、润扬大桥，以及三湾公园极具特色的剪影桥，等等。为激发幼儿爱家乡的情感，放手让幼儿创作。阳阳是个小车迷，对所有有关马路的知识都颇有了解。阳阳“在桥上建隧道”的想法说出来时，让我们很是惊喜。随后，孩子们分工合作，利用已有的搭建技能，很快完成，并将其命名为“山洞隧道”。

三、总结与反思

（一）捕捉幼儿的兴趣点，抓住问题

本次游戏是幼儿在自主区域游戏中生发的。因为在搭建桥的过程中，桥面一直坍塌。根据这个现象教师抓住了契机，引导孩子进一步开展交流。幼儿在游戏中的一句话、一个动作都能反映出他们的经验、技能及对问题的思考。在建桥的过程中，我们始终关注游戏中出现的问题，及

时评估幼儿原有经验和挑战间的距离，依据不同情况灵活采用策略，适时提问和引导。让幼儿踮脚摘到“最近发展区”的“果子”，从而促进幼儿游戏水平的提升、探究能力的快速发展。

（二）促进幼儿多方面的发展

1. 发展了幼儿的建构技能和科学认知

幼儿能运用“延长、平铺、围合”等技能创造性地进行搭建，提升了建构技能。同时，他们的空间认知能力、对材料形状和质地的感知运用能力等也得到提升。

2. 培养幼儿主动探究、坚持等学习品质

幼儿始终是游戏主体，教师一直是游戏支持者。搭建桥时从桥墩的选择，到后来桥面的受力面积；从桥面没有交通规则，小车无法行驶，再到泥工板作为车子双向行驶的分界线；从没有上下坡小汽车会倒栽下去，再到没有桥护栏保护小车的安全……幼儿能不断主动思考，去解决一个又一个问题，持续获取新的经验，内化后的经验又被幼儿灵活运用于后续的新问题。而自始至终，幼儿都专注投入地进行游戏，没有游离和退缩。这说明有挑战性的游戏内容、丰富的游戏材料、高质量的教师陪伴，能大大提升幼儿的学习品质。

3. 增进同伴交往，发展协商、合作能力

本游戏的强烈趣味和挑战，触发了幼儿的协商与合作。这是面对难题时的自然互助，是在浓厚兴趣中的自发牵手。不管是建构过程的默契配合，还是困惑时刻的出谋划策，都体现了幼儿高水平的合作能力。这样的游戏，让幼儿深刻体会团队的力量，共同享受成功的喜悦。

造桥行动

季娴、陈玲
年龄段：大班

一、背景与来源

幼儿园小山坡上有一条美丽的小溪，小溪上架着一座木桥，可是人来人往，小桥上好堵啊，怎么办呢？总能提出自己想法的子程小朋友说："为什么不能再造一座新的小桥呢？""对呀，对呀，让我们再造一座桥吧！"其他小朋友附和道。有了这个想法，他们说干就干，一起探索桥的秘密，造桥行动正式开始！可是还有很多问题，该怎么造桥啊？需要哪些工具、材料、技巧呢？跟随问题出发，造桥行动逐步展开。

二、观察与思考

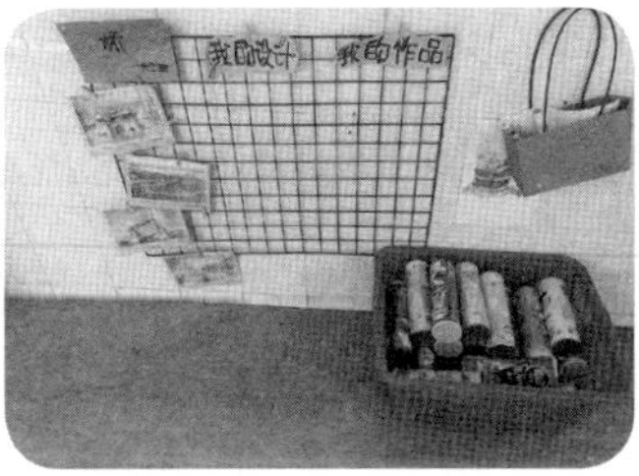

图1 建构区环境

观察一：发现新材料，尝试建桥

前期我们重新打造建构区，投放各种桥的图片以及辅助材料，如薯片罐、

奶粉罐、易拉罐等，激发幼儿主动参与造桥行动。（图 1）

赛赛最先发现了伦敦塔桥的图片。（图 2）他和翔翔、岳阳说：“这是伦敦塔桥，我在书里见过。我们一起搭个塔桥吧。”其余人同意。岳阳说：“那我来画设计图，你看，这是桥墩，还要有马路、桥塔，要搭得长长的、高高的。”这时赛赛和翔翔已经开始拿积木搭建了，两人都没管岳阳的设计图。赛赛拿着长条积木，说：“这是桥墩。”翔翔也有样学样地开始建构，只有岳阳反对说：“不行，这个积木太高了，不适合，换一个。”但其他人并没有听岳阳的意见。二十分钟过去，他们的伦敦塔桥“搭完了”，少了一个桥塔，少了能够下桥的坡面，孩子们耷拉着小脸说：“老师，建构区的地方太小了，积木太少了，没有我要的积木。”初次搭建不是太成功。（图 3）

图2 赛赛发现塔桥图片

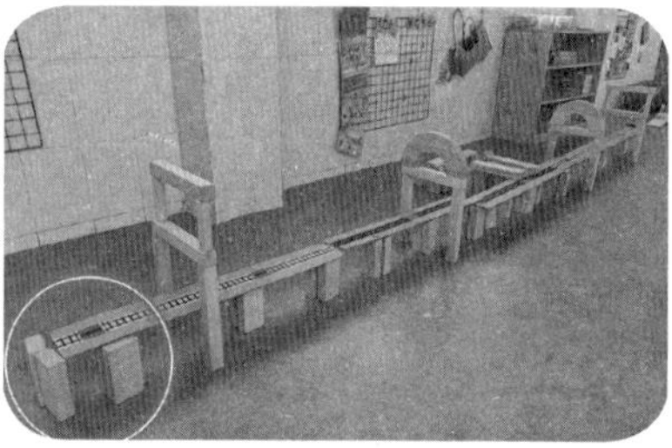
图3 初次搭建

教师的思考

大班幼儿具有较强的观察能力，在全新而开放的环境下，幼儿一下子就发现了环境变化中蕴含的关键信息，并积极主动地参与其中，有着强烈的操作欲望。但幼儿第一次尝试后发现，他们缺乏关于“桥”的建构经验，没有理清完成的步骤和顺序——先进行讨论构思设计，然后操作，并且在过程中需要进行人员分配。游戏后可以增加一个游戏分享的环节，给幼儿一个交流信息、分享经验的平台，以此丰富幼儿对桥的结构的经验。在这一环节中也可以通过图片、视频等呈现各种桥的样式、基本结构，了解搭桥的基本要素。另外，教室外的走廊较为窄小，幼儿操作起来受到空间的限制，下次活动时我们将尝试把实际操作地迁移到操场上，满足幼儿搭建大型桥梁的欲望。

观察二：分组活动，先绘图，再建桥

上次游戏过后，赛赛、翔翔、岳阳在分享环节着重说了自己的建桥活动，引起了全班的兴趣，好多小朋友都想和他们再次建桥。

这次三人小组吸取经验，又和新加入的南溪、凡凡组成新的小组，准备开始新的造桥行动。他们先选出南溪为组长（小朋友叫她总工），在组长的带领下进行头脑风暴。组长南溪先提出了自己的想法："我们之前在视频中看过的风雨桥就很有趣，还能遮风挡雨，搭个风雨桥怎么样？"说完就有人反驳："风雨桥太简单了，没有挑战性，换个难一点的。"成员七嘴八舌地说出自己的想法，最后由组长收集意见，举手投票，决定搭建港珠澳大桥。（图 4）

图4 小组讨论

在决定好目标后，小组内成员开始商量桥梁的样式和需要的材料，并由成员凡凡绘制设计图，凡凡一边画，其他人一边在旁边做补充。然后，所有成员们带着设计图来到操场，在组长的指挥下拿出碳化积木、塑料积木、万能砖等材料，满满地铺了一地。

组长南溪和两位男生用碳化积木做桥墩，用蓝色的塑料积木做大海。在组长带领下，大家快速地搭好了两边的桥墩，很快他们又发现了新的问题：桥塔该用什么材料呢？"这个材料要高一点，坚固的，稳定的。"有人出主意。于是所有成员开始找适合的材料，大家都在材料柜里翻来翻去，但主体桥梁部分无人顾及，游戏时间在逐渐浪费。等到游戏时间结束，南溪小组依旧是未完成的状态，甚至在游戏后半部分时间内，有成员放弃了找材料搭建，还用那个积木玩起了其他游戏。

教师的思考

在本次游戏中幼儿已有初步的团队合作意识，知道进行一项工程，需要有讨论、构思、设计、尝试、操作几个环节，在实践操作中丰富了幼儿的操作经验。从分组协商制定方案到寻找材料尝试搭建，老师一直追随幼儿自主探究的脚步，启发幼儿积极主动地迁移经验，实现深度学习。部分幼儿在游戏过程中表现出良好的学习品质，但有部分幼儿游离于目标任务之外，在游戏活动中懒于动手动脑。

基于游戏中的一些问题，需要老师进行一些策略支持：

1. 鼓励幼儿在实体搭建前进行自主讨论，收集更适宜的材料。如适合做桥墩的材料——木桩、轮胎、跨栏，适合做桥面的材料——长木板、竹梯等，避免在实际操作中过度虚耗时间。

2. 提供纸笔供幼儿做计划，以及组长分配组员进行各种任务。组长需要明确每个人的任务，每个成员在活动中需要心中有“目标”，以此来增加活动的目的性和计划性。

观察三：合理分工，山坡上造桥

在规定的时间内未完成桥梁搭建工程，活动后小组内成员开始集思广益，发现了其中的几个问题。

问题一：桥梁非常容易晃动，用小型积木做桥墩也容易被小朋友不小心碰倒。

问题二：用长条积木做桥面只能搭建简易的桥梁，但这种桥梁并不能让人通行。

在关于“什么材料更适合造桥”问题大讨论后，孩子们列出了一张材料清单，清楚地记录讨论的结果。（图 5）于是在南溪组长的再次带领下，小组内成员来到小山坡的小溪旁准备为幼儿园建一座真正的小桥。大家有序地寻找各种合适的材料。“用木桩做桥墩！”“但木桩太重了搬不动怎么办呢？”“我知道，先把它推倒，然后再滚起来！”“遇到台阶又推不动，又搬不动，怎么办？”三个小朋友合力往上搬运。（图 6）小山坡的地面上坑洼不平，两边的桥墩不一样高。调整材料，高的桥墩部分换个矮一点的木桩试一试。“还是不行，那再换个更矮的轮胎试一试。”成功了。

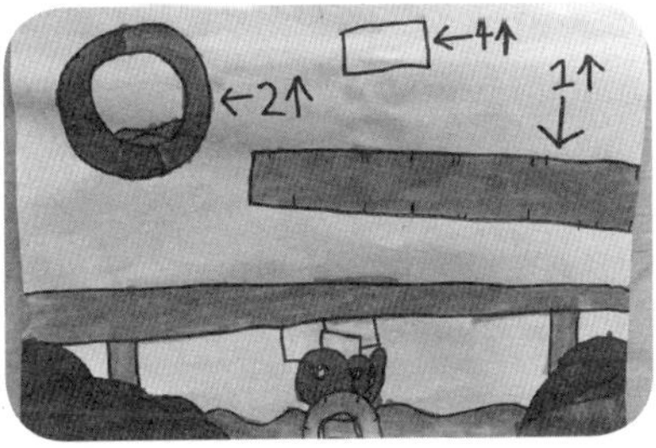

图5 自制材料清单

图6 合力搬运木桩

桥墩造完了，开始做桥面，找到长木板来试试。“有点短怎么办？”“一块不够长再来一块，可是两块木板没法拼接又该怎么办呢？”（图 7）前面虽然遇到了一个接一个的问题，但成员间相互交流，你一言我一语，交流中、尝试中，问题就轻松迎刃而解了。现在，大家都面临了一个大问题：没有合适的材料做桥面，一块木板不够长，两块木板又没法拼接。在大家尝试了几次都失败后，老师观察发现幼儿的情绪低落，似乎有想放弃的迹象，于是适时地抛出问题让幼儿思考：“如果没有办法让两块木板拼接起来，有

图7 遇到桥面问题

什么办法可以支撑住两块木板从而达到拼接的效果呢？”这时孩子们恍然大悟：还可以在两块木板衔接的下方进行支撑，再做个桥墩。（图8）孩子们一遍遍地调整，最终用的一大一小两个轮胎叠加支撑住木板，完成了桥面，整座桥梁建造完成。（图9）

图8 使用大小轮胎做桥墩

图9 完成

大家欣喜地在自己建造的桥面上走来走去，还邀请了其他组的成员一同尝试，分享成功的喜悦。

教师的思考

虽然幼儿之前已经搭建过几次桥，但从未遇到过“地面不平整，单一材料不够长”的问题。所以在本次游戏中幼儿一直在发现问题，解决问题。整个过程中，老师基本没有干涉和支招，所有的问题都是幼儿自己发现、自己尝试解决的，老师只是在幼儿完全没办法通过已有经验解决时偶尔提问，来引发幼儿观察和思考。正是这些问题的逐一暴露和解决，幼儿才一步步更加完善对桥梁建造要求的认知：桥墩要稳，桥面要长。

本次游戏中幼儿的分工更加明确，学会了自己发现问题，自己动脑筋，最终合作解决问题。当活动中出现一次次困难时，大家不放弃，用试验的办法去及时进行调整。当遇到更难以解决的问题时，能在老师的引导下拓宽思路，再次探究。

观察四：发生问题，解决，巩固并完善

本以为桥梁工程已经竣工，但碰巧当天夜里出现恶劣天气，刮起了8级大风，等到第二天小朋友再次来到小桥旁时，小桥已经损坏，桥面塌方，中间的桥墩错位。（图10）南溪组长和成员见此情况迅速动手解决问题，先把所有移位的材料恢复到原来的样子，看到还原的小桥，组长南溪仍不放心地说："如果以后再出现这样的问题该怎么办呢？我们需要进行加固，让小桥更稳一些。"她的建议得到了成员们的一致认同，成员们商量从几个方面进行加固，最后由组长拍板，组内再次分成两个小组，分别加固桥墩和桥面。

图10 桥梁损坏

图11 桥墩组

桥墩组使用麻绳、毛线缠绕两个轮胎，减少轮胎间错位概率。三人一起进行合作，女生想办法绕绳子，寻找轮胎与石头间的空隙，巧妙地穿过；男生力气大，主动请缨打死结，提高效率。（图11）

桥面组发现两块木板间容易产生缝隙："这两块木板中间不平，得想个办法。"（图12）桥面组先用纱布进行缠绕，但木板间的缝隙依然存在，于是再次想办法寻找更适宜的材料。桥面组小组长找来户外建构区的"空心砖"材料作为木板间的"连通器"，但空心砖中间空隙较大，需要填塞其他辅助材料进行加固，

图12 桥面组发现问题

于是成员们找来报纸，将报纸揉成团，塞进空心砖内进行填充，两块木板形成一体，桥面组完成加固任务。（图13）

图13 桥面组将报纸揉成团进行填充

两个小组完成任务后进行合体，更加稳固的桥梁完工。在组长的带领下，小组成员再次检查各处细节，确认没有问题后进行试通行。在试通行时，成员翔翔来回走了几次，发现了新的问题：“连通器”的部分有点晃动，不够稳固。成员们仔细观察发现是两块木板的连接错位了，纸团被压扁了，考虑到长久使用的问题，成员们又再次开始寻找可以替换的材料。他们先试了试户外建构区的塑料砖，塑料砖比空隙高了一点点，塞不进去；又找来长条积木进行尝试，刚刚合适，“连通器”与桥面间变得严丝合缝，桥面非常稳固。（图14）

图14 桥面组尝试木块

图15 “阳阳桥”完成

成员们进行最终的检测、通行，在确认小桥稳固后，一起宣布“造桥行动”成功！之后，小朋友们特别喜欢自己建造的这座小桥，经常在上面走来走去，有时还和其他班的小朋友炫耀，他们还为这座自己建的小桥取了个名字，叫“阳阳桥”。（图15）

教师的思考

幼儿遇到了突发的问题——桥梁损坏，在观察讨论后，他们又将问题分成了两个部分——桥墩问题和桥面问题，并对具体的分工有各自的想法。这一次，他们没有采取通常用的“石头剪刀布”的办法来解决争议，而是由“总工”直接进行了二次分组，对“总工”的安排，大家也欣然接受了。在这次游戏中幼儿自发地优化了人员分工体系，在组内再次分组，设置小组长，同时进行建设，既提高了效率，又优化了人员分工。这说明在长期的自主游戏中，幼儿自然地形成了游戏规则，游戏也是幼儿对社会角色与社会分工进行自主体验、自我建构、自我完善的发展过程。

在出现突发状况后，幼儿能主动地分析问题、解决问题，由此可见，幼儿的问题解决能力在几次探究活动中逐渐提高。虽然解决问题的过程并不平顺，经历了多次波折，但幼儿表现出了顽强的探究精神和思考能力。在自主探究中，幼儿不断构建和丰富自己的认知经验，获得了多种学习品质的发展。

三、总结与反思

“我的小桥我做主”持续一个多月的时间，从最初的室内建构、户外大型桥梁建构，到真正在幼儿园小山坡的河流上建桥，建桥造桥游戏一直以幼儿的兴趣和经验为线索，积极发挥幼儿的创造力、探究和动手能力，使幼儿真正地在活动中深度学习，成为活动的主人，教师和幼儿共同在活动中学习、成长。

（一）对幼儿深度学习的支持

深度学习的本质在于解决问题，学会解决复杂的难问题是深度学习的体现和必由之路。老师在幼儿探究过程中，更多的是扮演高质量的陪伴者、积极的推动者的角色，关注幼儿的自主探究和探究中不断涌现的好奇心、求知欲。在幼儿深度学习的过程中，老师应着重丰富幼儿“玩—说—记—展”的关键经验，即充分支持幼儿各种自发的探究，探究后的相互分享、表征记录，以及获得成功时具有仪式感的“展览”机会。

（二）小组内组长的带领作用和人员的合理分工

从无组织的建构活动到组长引领成员合作的桥梁工程活动，在多次探究中，当面临个体无法解决的问题时，幼儿自主自发地形成团体，并在团队中进行合理分工。通过一系列活动，幼儿知道在进行活动时需要“领头羊”，既要听取组长分配任务，又可以随时发表自己的想法。在后续活动中幼儿发现只有一位组长，效率仍不佳，于是又自发地设置了小组长一职，负责带领组内的各分队工作，最终形成“组长—小组长—组员”的人员体系，真实地模拟了现实社会中人员分工状态。

（三）教师适时适宜地介入指导

在一次次探究活动中，幼儿不断地获得新经验，但也经常面临难以解决的问题。通常情况下老师会习惯性地给予示范指导，但在本次一系列活动中，老师秉持“坚决不动手”的原则，不打扰、不干预，只是通过各种语言引导，以一种“产婆术”的方式拓展幼儿解决问题的思路，用最恰当的方式介入活动中，提供支架，让幼儿近乎完全独立自主地找到解决问题的办法，从而有意义地学习。